O PEQUENO MONGE ARRUMA SUA CELA

Dados Internacionais de Catalogação na Publicação (CIP)
(Câmara Brasileira do Livro, SP, Brasil)

Heyes, Zacharias
O pequeno monge arruma sua cela / Zacharias Heyes ; tradução de Markus A. Hediger. – Petrópolis, RJ : Vozes, 2025.

Título original: Der kleine Mönch räumt auf
ISBN 978-85-326-6749-6

1. Beneditinos 2. Espiritualidade 3. Existência cristã I. Título.

24-193025 CDD-248.4

Índices para catálogo sistemático:
1. Existência cristã : Cristianismo 248.4

Cibele Maria Dias – Bibliotecária – CRB-8/9427

Zacharias Heyes

O pequeno monge arruma sua cela

Tradução de Markus A. Hediger

EDITORA VOZES

Petrópolis

Tradução do original em alemão intitulado *Der Kleine Mönch räumt auf*

Direitos de publicação em língua portuguesa – Brasil:
2025, Editora Vozes Ltda.
Rua Frei Luís, 100
25689-900 – Petrópolis, RJ
www.vozes.com.br
Brasil

Editoração: Piero Kanaan | Débora Spanamberg Wink
Diagramação: Editora Vozes
Revisão gráfica: Fernando Sergio Olivetti da Rocha
Capa: Matthias E. Gahr
Adaptação de capa (versão em português): Érico Lebedenco
Ilustrações: Elli Bruder

ISBN 978-85-326-6749-6 (Brasil)
ISBN 978-3-7365-0400-4 (Alemanha)

Este livro foi composto e impresso pela Editora Vozes Ltda.

DESAPEGOS

Sumário

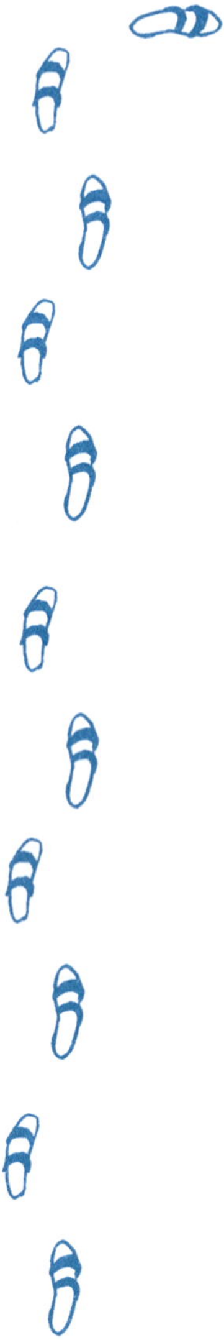

1

A noite já tinha caído há muito tempo sobre o mosteiro na suave colina onde vivia o pequeno monge. As luzes haviam se apagado e o ar fresco da noite pairava sobre o campanário esguio. Todos já tinham adormecido há tempo – só o pequeno monge continuava acordado na cama. Repetidamente, ele se revirava da esquerda para a direita e não conseguia dormir.

"Vou tomar um copo d'água, talvez melhore", disse a si mesmo. Sem acender a luz, colocou as pernas para fora da cama, levantou-se e, com cuidado, deu alguns passos na escuridão.

"Ai!" – seu dedo do pé descalço bateu contra a pilha de livros que ontem ele tinha colocado no chão ao lado da mesa. Infelizmente, havia tantas coisas espalhadas na mesa, que não havia espaço para os livros.

O pequeno monge se apoiou nas costas da cadeira para não voltar a bater em algo, deu um passo e – "Ai!" – pisou numa coisa pontuda: o apontador de lápis, que devia ter caído quando ele remexeu a mesa.

Frustrado, o pequeno monge deu os passos seguintes até a torneira. Na escuridão, procurou o copo que estava sempre à direita da pia e acabou empurrando da borda o sabão de rosas que tinha comprado na feira.

"Acho que deveria arrumar o quarto...", gemeu baixinho. Ele encontrou o copo, encheu-o de água e tomou três pequenos goles. Quando colocou o copo de volta – a escova de dentes caiu, é claro, e cuidadosamente ele voltou para sua cama.

"Acho que *preciso* arrumar o quarto...", disse mais uma vez, esfregando o dedo mindinho do pé, que ainda doía. "E amanhã começarei com isso!"

A resolução

A imagem que imediatamente me vem à mente é a da cela do pequeno monge – cada espaço vazio é preenchido por um objeto que guarda uma memória e que, por isso, é importante para ele. Conheço esse sentimento. Queremos preservar as lembranças dos momentos bonitos, das férias, dos acontecimentos importantes e das situações significativas da vida. E é por isso que, por exemplo, penduramos na parede uma fotografia de um acontecimento especial ou trazemos uma pedra como recordação de umas belas férias nas montanhas. Dessa forma, muito se acumula no apartamento ou na casa ao longo do tempo. Em casa, ainda tenho caixas no porão com muitas fotografias não organizadas – lembranças da minha juventude e dos meus tempos de faculdade. Mas há anos que não olho para essas fotografias. Sempre que passo as férias na casa de minha mãe, ela me lembra carinhosamente de que preciso dar uma olhada naquelas caixas, escolher algumas fotografias e jogar o resto fora, para assim abrir espaço no porão.

Até agora, no entanto, não consegui fazer isso. Pois, quando estou de férias, prefiro aproveitar os dias de folga e passá-los fazendo coisas agradáveis em vez de arrumar o porão. Mas, também no dia a dia, sinto que às vezes é difícil arrumar a casa.

Lembro-me de uma pessoa que me acompanhou no meu caminho espiritual durante a faculdade e que, por isso, visitei muitas vezes. Cada vez que entrava no apartamento dela, eu admirava a ordem cristalina. Não havia nada de inútil espalhado por todo lado; as plantas decoravam o apartamento e lhe conferiam uma atmosfera viva. Até hoje, tenho tentado repetidamente criar essa ordem cristalina nos meus aposentos no mosteiro – no meu quarto e no escritório. Não tenho conseguido fazer isso, sempre preciso arrumar e colocar as coisas em seu devido lugar. O fator decisivo é provavelmente, como no caso do pequeno monge, a firme resolução de realmente querer arrumar as coisas.

Então sempre me lembro dos momentos em que consegui colocá-las em ordem. Após fazer isso, eu me sentia muito bem – no meu espaço e na minha pele. Foi assim, por exemplo, quando me mudei para meu primeiro apartamento ao terminar a faculdade e o arrumei e limpei tudo sozinho pela primeira vez depois de algum tempo. Eu tinha investido muita energia para comprar tudo que precisava, escolhendo cuidadosamente o melhor produto de limpeza e o esfregão mais prático. Então comecei. O que me levou a arrumar e limpar o meu apartamento não foi apenas o fato de que é necessário fazer isso regularmente, mas também o fato de eu sentir que minha casa estava abarrotada demais, que havia muitas coisas espalhadas por toda parte e que eu me sentia desconfortável com isso. Nunca cheguei a ser tão bagunceiro como o pequeno monge, que percebe que o caminho até a torneira está quase bloqueado por todas as suas coisas, mas também me faltava algo como uma ordem básica que me permitisse perceber rapidamente onde estavam as coisas para que eu pudesse pegá-las da prateleira com um único movimento rápido – de preferência no escuro.

No entanto, arrumar não se limita a criar uma ordem clara e prática. Pelo contrário, a nossa alma pode respirar de forma diferente quando um quarto, uma sala, um apartamento estão arrumados e limpos, quando tudo está em seu devido lugar e não há nada de desnecessário naquele espaço.

Lembro-me de vários seminários sobre *emotional dance process* (EDP) dos quais pude participar. Trata-se de uma terapia de dança em que os processos e as questões de uma pessoa são expressos e vividos com ajuda da dança. A professora desses seminários sempre se certificava de que nada ficasse espalhado pelas grandes salas de dança onde aconteciam os cursos – nem malas de mão, nem garrafas de água, nem nada. Porque só assim a própria alma tem espaço para respirar no processo de dança, só assim ela pode se expressar por meio do corpo, só assim ela não ficará distraída, podendo vivenciar um espaço livre verdadeiro.

Isso também se aplica, penso eu, aos nossos espaços de vida e de trabalho. Um confrade me disse que arrumar o quarto também lhe devolve uma ordem interior. Sobretudo quando a alma está desarrumada, quando ela não tem uma visão clara, arrumar o quarto, o apartamento, a casa pode pôr a alma em ordem, libertá-la e deixá-la respirar de novo.

E é isso que o pequeno monge certamente experimentará quando puser em prática a sua resolução de arrumar o quarto.

Centralização

Quando olho para a tradição beneditina no que diz respeito à ordem e à limpeza, lembro-me da Ordem Cisterciense, que se desenvolveu a partir da Ordem Beneditina. O nome deriva do seu local de origem: Cister, na França. O primeiro mosteiro cisterciense foi fundado nesse local em 1098 e chamava-se Novum Monasterium (Novo Mosteiro). O nome define o propósito: os cistercienses queriam moldar a vida monástica de uma forma nova e diferente. Nesse sentido, eles se viam como um movimento de reforma da Ordem Beneditina.

Na história da Igreja sempre houve movimentos de reforma desse tipo. Geralmente, a força motriz por trás desses novos impulsos era uma insatisfação de longa data. As pessoas não estavam (mais) satisfeitas com a forma como a regra original da ordem era vivida e implementada. Às vezes, a razão era também que os monges já não aderiam mais à regra original e tinham se adaptado ao espírito do tempo – na opinião dos reformadores. Estes, por sua vez, animavam-se com a ideia de retornar à regra original. No caso da Ordem Cisterciense, isso significava que os fundadores queriam retornar para a simplicidade original da vida monástica. Para eles, muita coisa havia se tornado dissoluta e pomposa demais. Essa simplicidade incluía também, e inclui ainda hoje, o fato de as igrejas cistercienses se caracterizarem por uma forte simplicidade, para não dizer por um vazio. A única decoração se encontra na cúpula da fachada externa: uma figura de Maria, a mãe de Jesus. Essa simplicidade pretendia garantir que a atenção dos monges não fosse distraída por nada durante as celebrações e que a alma tivesse espaço para se concentrar completamente nos acontecimentos da liturgia.

Experimentei o efeito benéfico desse vazio na Igreja do Mosteiro de Conques (França), durante a minha peregrinação a Santiago de Compostela. É uma igreja românica na sua forma mais pura. Sem ornamentos, sem decorações – pura simplicidade. E com uma acústica incrível. Ao fim da tarde, quando participei da oração noturna dos monges – hoje vivem aqui os premonstratenses –, no fim da oração, eles cantaram o *Salve Regina*, uma saudação à Mãe de Deus, como é costume em muitos mosteiros, e o canto preencheu toda a igreja. O som das vozes se espalhava pelo espaço. Era possível mergulhar nesse som e se esquecer do mundo que nos cerca.

Neste mundo, estamos diariamente expostos a inúmeras impressões sensoriais – não só no mundo real, mas também na realidade digital. Na minha opinião, é bom e benéfico encontrar paz e sossego num quarto arrumado. Decerto não é absolutamente necessário ir a uma igreja para fazer isso, nem cantar *Salve Regina*, mas é útil não estar sujeito a impressões desnecessárias num quarto, por exemplo, por meio dos quadros pendurados nas paredes, como também das coisas espalhadas e desorganizadas por aí. Uma sala vazia ou pelo menos arrumada dá espaço ao contemplador, liberta a mente, permite que o olhar descanse.

Essa centralização clara era também a intenção original de Bento de Núrsia, o fundador da Ordem Beneditina. A época em que viveu era conturbada. Quando nasceu, em 480 d.C., o último imperador romano tinha acabado de ser deposto, e o Império Romano estava se desintegrando cada vez mais. Povos estrangeiros atravessavam as fronteiras e apoderavam-se das terras; era a época da migração dos povos. Essa agitação e reorientação traziam consigo incertezas, instabilidades, desordens. Quando iniciou seus estudos em Roma, Bento de Núrsia conheceu uma sociedade que lhe parecia decadente. Depois de pouco tempo, a decadência da sociedade e a vida dissoluta da cidade o deixaram revoltado. Naqueles tempos confusos, Bento de Núrsia quis encontrar uma ordem de vida para si mesmo e para as pessoas que pensavam igual a ele, algo que organizasse a alma, que a estabilizasse e que a deixasse respirar livremente. Em sua regra monástica, ele registrou como isso poderia se dar na prática: fornecer uma estrutura fixa para uma vida comum, mas dar a cada um o espaço necessário para seu próprio desenvolvimento. Ele sabia que uma regra clara também geraria uma ordem clara na alma.

Bento de Núrsia atribui grande importância a uma ordem no mosteiro que regule tudo aquilo que é necessário numa comunidade, mas que também deixe espaço para a liberdade. Essa ordem diz essencialmente que tudo que é necessário para a vida cotidiana deve estar disponível, mas, ao mesmo tempo, não mais do que é absolutamente necessário. Isso reduz tudo ao essencial e torna muito mais precioso aquilo que cada um tem. Por isso, ele exorta seus monges a terem cuidado com cada objeto, com cada coisa presente no mosteiro: "[Que o celeiro] veja todos os objetos do mosteiro e demais utensílios como vasos sagrados do altar" (RB 31,10). Os utensílios do altar num mosteiro são tudo que é usado e necessário para a celebração da missa.

Tratar tudo o que há no meu espaço de vida como utensílios sagrados do altar significa tratar esses objetos com cuidado e atenção. Cada um de nós tem coisas sagradas. Para mim, é o primeiro sapato de criança que usei, ou o ursinho de pelúcia que me deram quando nasci. Dificilmente deixamos que alguém toque esses objetos sagrados, ficamos de olho neles, nós cuidamos deles e os protegemos.

Se quisermos estar tão atentos às coisas que temos, isso só será possível se tivermos uma visão geral daquilo que realmente possuímos. Sem isso, ou se simplesmente tivermos um excesso de coisas, podemos nem saber onde essas coisas estão e, portanto, seremos obrigados a procurá-las quando delas precisarmos. Estar atento às coisas significa não jogá-las num canto sem cuidado nem enfiá-las no último espaço livre do apartamento. Pelo contrário, significa dar a cada coisa o seu devido lugar – onde posso encontrá-la quando precisar.

Uma forma cuidadosa e respeitosa de lidar com meus bens significa também que, de vez em quando, eu os tomo nas mãos e os aprecio. Às vezes, o confrade anteriormente mencionado, que é um artista, tira alguns quadros ou obras de arte do armazém e os coloca em seu ateliê. Então, ele se senta ao piano e improvisa algo inspirado no quadro. Ele libera os sentimentos que a imagem evoca nele. Quando o vemos fazendo isso, sentimos sua alegria pura de viver.

Quando trato meus bens com cuidado e os considero como objetos sagrados do altar, isso significa também que tudo que está presente no meu espaço de vida deve ser necessário. Arrumar meu espaço seria então equivalente a fazer um inventário: O que é que tenho? E o que é que preciso de verdade, o que é necessário para a minha vida? Mas o que é necessário nem sempre é apenas aquilo que uso no dia a dia, ou seja, uma escova de dentes, uma geladeira, uma cadeira. Algumas das coisas que possuo são também uma expressão de mim mesmo e, nesse sentido, também são necessárias. No entanto, quando as arrumo, posso perguntar-me: Onde essas minhas coisas me limitam, provocam uma sensação de aperto ou me privam do espaço necessário para respirar, porque há um excesso delas?

Segundo Bento de Núrsia, é tarefa do abade do mosteiro assegurar que cada monge tenha tudo aquilo que é necessário. Isso inclui decidir o que é necessário. Como pai da comunidade (significado da palavra “abade”), ele se certifica de que cada monge tenha tudo isto: “cogula, túnica, meias, calçado, cinto, faca, estilete, agulha, lenço, tabuinhas, para que se tire a todos a desculpa da necessidade. No entanto, considere sempre o abade aquela sentença dos Atos dos Apóstolos que diz: ‘era dado a cada um conforme precisava’” (RB 55,19-20).

Como as comunidades do tempo de Bento de Núrsia não eram tão grandes como a minha comunidade atual, o abade podia cuidar de cada indivíduo. Hoje, embora o abade seja o principal responsável por tudo e, consequentemente, tenha também a responsabilidade de encorajar cada indivíduo a desenvolver sua vitalidade, ele não precisa regular nem decidir todos os pormenores. Em vez disso, cabe primeiro a cada monge assumir a responsabilidade por si mesmo. Isso também inclui pensar na forma como eu uso e crio meu quarto, escritório ou oficina.

Aplicando-a ao nosso tempo, a instrução de Bento de Núrsia de que o abade deve cuidar de tudo que é necessário pode significar que a parte paternal em mim se sinta ativada: a parte em mim que cuida de mim, que sente o que realmente preciso, mas que também se certifica de que tudo que é necessário para mim esteja disponível.

"Veja todos os objetos do mosteiro e demais utensílios como vasos sagrados do altar"

Regra de São Bento 31,10

"Ele se certifica de que cada monge tenha tudo isto: "cogula, túnica, meias, calçado, cinto, faca, estilete, agulha, lenço, tabuinhas, para que se tire a todos a desculpa da necessidade. No entanto, considere sempre o abade aquela sentença dos Atos dos Apóstolos que diz: 'era dado a cada um conforme precisava'."

Regra de São Bento 55,19-20

Perguntas

Onde você gostaria de ter mais ordem na sua vida? Por onde gostaria de começar a arrumá-la? Na vida privada ou no trabalho? Em relação ao seu passado ou ao seu futuro?

O que é que o impede de arrumar e manter as coisas em ordem?

Onde e como você encontra a paz? Você dá tempo e espaço para que as coisas se assentem e se resolvam dentro de você?

Exercícios

Tire o tempo que for preciso e olhe para sua sala de estar, para seu quarto. Quais objetos à vista você não usa há muito tempo? Que coisas podem ser jogadas fora? O que o incomoda no quarto e o que o distrai?

O pequeno monge quer começar a arrumar o quarto dele amanhã. Reflita e veja se e quando você gostaria de começar a arrumar o seu próprio quarto, o seu apartamento – e por que você não pode começar agora mesmo.

Numa escala de 1 a 10, qual é o seu grau de determinação para arrumar seu quarto?

2

Depois da oração matinal e do café da manhã, o pequeno monge voltou para sua cela e ficou coçando a cabeça, um pouco perdido. "Por onde eu começo?", pensou. "Os livros que estão no chão deviam estar na estante."

Mas a estante já estava cheia de coisas que ele tinha trazido das suas viagens: uma garrafa de vinho tinto da Itália que ele guardava para um momento especial; quatro pedras e três conchas que ele havia trazido da praia porque as achou lindas; o bule que havia recebido de presente durante uma viagem ao Japão etc.

Ele tinha colocado tudo na estante, porque as coisas vinham se acumulando – e porque precisava da escrivaninha para trabalhar. A escrivaninha, por sua vez, estava cheia de utensílios de escrita: canetas coloridas que pertenciam a um desenho que o pequeno monge havia começado a fazer; a pena, a tinta e o papel de carta de que necessitava para escrever uma mensagem ao bispo amanhã, dia do aniversário dele; um galho que tinha a forma de um anjo – o pequeno monge o tinha achado no jardim e o levou consigo porque queria usá-lo para fazer um presente para o abade. Também seu livro de orações, é claro. Ah não, o livro de orações estava – onde é que ele havia guardado o livro de orações? Ele o encontrou no parapeito da janela, ao lado da roseira.

"A roseira precisa ser regada", disse o pequeno monge para si mesmo e olhou para onde devia estar o regador. Mas lá estavam seus tênis, que ele tinha deixado ali às pressas; encontrou o regador junto à pia.

"Por onde começo?", suspirou o pequeno monge. Frustrado, ele se jogou na cama – e não fez nada.

Todo começo é difícil

Quando queremos arrumar nossas coisas, todos nós nos deparamos com a pergunta que assola o pequeno monge: "Por onde devo começar?"

Sei disso por experiência própria: pequenos impulsos de arrumação começam, mas no fim eu acabo pensando que posso organizar tudo apenas transferindo as coisas de A para B ou transformando duas pilhas em uma única. Na verdade, não se ganha nada com isso. Há algum tempo decidi arrumar meu escritório. Comecei examinando as caixas que estavam espalhadas – e logo me dei conta de que tinha colocado nelas coisas muito diferentes umas das outras e que estava começando a analisar cada folha de papel para decidir se ainda precisava dela. Rapidamente perdi o interesse e desisti – frustrado – diante da quantidade de caixas e folhas que ainda precisavam ser examinadas. Em retrospectiva, pensei: Eu não deveria simplesmente ter jogado fora as caixas que ainda permaneciam fechadas?

No entanto, em situações assim, sempre me lembro de um confrade. Um dos seus "credos" é: "não jogue nada fora!" Pois, em sua opinião, tudo pode ser aproveitado para fazer algo novo. E, realmente, ele tem uma grande coleção das mais diversas coisas em seu ateliê. E sempre algo criativo emerge dali, mesmo que demore muito tempo. Preciso admitir: deixei-me contagiar por ele e agora faço o mesmo.

Ele tem outras utilidades para o que acumula: em cursos criativos, ele o coloca à disposição dos participantes, que usam seu material acumulado para criar coisas maravilhosas que muitas vezes expressam sua alma. É verdade: no caso dele, esses materiais são ordenados e classificados de acordo com tipo e gênero. E, de vez em quando, ele também arruma o ateliê e o depósito, jogando fora tubos de tinta vazios e pedaços de papel que já não podem mais ser transformados em nada, e passa a adquirir novas ferramentas.

Ao mesmo tempo, porém, o pensamento de que "talvez eu possa voltar a usar isso em algum momento" não torna as coisas mais fáceis. Lembro-me de uma frase de um calendário: "quinquilharias são aquilo que precisamos no dia após nos livrarmos delas". Então devemos guardar tudo? Só que de forma organizada e ordenada?

Na casa dos meus pais, meu pai tinha uma sala grande que ele usava como oficina. Tudo que era necessário para os seus passatempos estava lá. Meu irmão e eu podíamos usar tudo, mas depois tínhamos de colocar o que usássemos em seu devido lugar para que a pessoa seguinte encontrasse o que precisava. Meu pai foi influenciado pela escassez durante a guerra, que ele tinha vivenciado em primeira mão. Provavelmente, era por causa disso que ele não jogava nada fora e guardava todos os tipos de caixas e caixotes, até mesmo as embalagens de queijo do supermercado. Depois de usadas, elas eram lavadas, secas e guardadas. Em um armário no porão, ele guardava pregos e parafusos nessas caixas, ordenados por tamanho e tipo. Eu me assustei quando encontramos dois contêineres cheios de pregos ao fazermos a limpeza do cômodo após a sua morte.

Há também oficinas nas propriedades da abadia onde ninguém trabalha mais, mas há ainda muito material guardado e inutilizado. Recentemente, alguém falou de um confrade que trabalhou toda a sua vida como carpinteiro e que também havia presenciado a guerra. Ele arrancava todos os pregos de uma viga quando já não era mais usada e os endireitava para guardá-los. Do ponto de vista econômico, esse trabalho não vale a pena hoje em dia. Mas, quando ouço histórias tão antigas, sinto algo como uma emoção nostálgica. Elas evocam um tempo diferente, em que os artesãos ainda davam valor às coisas e as tratavam como "objetos sagrados do altar". E, no entanto, em determinado momento, ao arrumar as coisas, somos confrontados com estas perguntas: Será que preciso mesmo disso? Será que a lembrança dos "bons tempos" é uma razão para guardar objetos que ninguém usa mais?

Quando fazemos esse tipo de questionamento, rapidamente nos deparamos com o mesmo problema que o pequeno monge enfrenta: assim que tomamos a decisão de arrumar o quarto, desistimos, porque não temos um plano e não sabemos nem por onde começar.

E então descobrimos algo que prende nossa atenção porque nem sequer sabíamos que ainda o tínhamos – por exemplo, um velho álbum de fotografias. Nós o folheamos por algum tempo e deixamos nos levar até o Mediterrâneo, as montanhas, o Mar do Norte, ou nos lembramos do nosso casamento ou do nascimento do nosso primeiro filho ou de outros acontecimentos bonitos da vida. Depois, guardamos o álbum carinhosamente na caixa e nos esquecemos da razão pela qual o abrimos...

Isso é uma espécie de fuga da nossa intenção original. Às vezes é necessário desviar e distrair-se, porque uma parte de nós ainda não está madura ou pronta para enfrentar o trabalho de arrumar o que até então estava guardado. Quando Bento de Núrsia ressalta a peculiaridade de cada indivíduo, ele sabe também que cada um tem seu ritmo. Como diz um provérbio africano: a grama não cresce mais depressa se a puxarmos. Muitas vezes, porém, isso se deve mais ao fato de não termos um plano para abordar o projeto ou mesmo para resolver um conflito. Ambas as coisas parecem tão grandes e tão confusas, que percebemos: se eu começar agora, provavelmente não vou melhorar, mas apenas piorar a situação. Primeiro preciso pensar em como isso pode ser feito ou como posso dividir a "montanha" que tenho à minha frente em pequenos montes para poder enfrentar o desafio.

Fazer o que está na hora de fazer

Nós, beneditinos, nos caracterizamos por um pragmatismo sóbrio. Os devaneios românticos certamente não são uma invenção dos monges. Experimentei isso em primeira mão. Quando entrei no mosteiro, eu tinha acabado de voltar da minha peregrinação a Santiago de Compostela. Agora, eu precisava escolher um nome para minha vida monástica e, para mim, Tiago era uma opção, pois era o nome dado à peregrinação na Espanha. Mas, como naquele momento já havia um confrade chamado Tiago no mosteiro, e um nome não devia ser repetido na comunidade, a minha ideia foi chamar-me de Santiago, ou seja, a forma espanhola de São Tiago. No entanto, quando um irmão comentou que esse nome era bonito, mas excessivamente romântico para a Abadia de Münsterschwarzach, tive que descartar a ideia e fiquei bastante desiludido. Eu já tinha uma noção do que me esperava como noviço.

No entanto, ao longo dos anos em que estive aqui, entendi cada vez mais como esse pragmatismo sóbrio é útil e significativo. No caso dos beneditinos missionários, isso está, por assim dizer, nas suas raízes: quando foram fundados como um novo ramo da ordem no fim do século XIX e começaram seu trabalho em países estrangeiros, muitas vezes tratava-se simplesmente da construção de estações missionárias. O que se fazia necessário aqui eram perícia e ação simples: construir igrejas, fornecer eletricidade, instalar ligações de água, consertar carros e motos. Os monges não podiam se entregar a devaneios nostálgicos. E, à noite, provavelmente estavam cansados demais depois do trabalho diário. Em termos religiosos, tratava-se de construir o Reino de Deus no aqui e agora.

Para Bento de Núrsia, o aqui e agora desempenha um papel importante. Ele chama isso de "presente". Para ele, Deus é omnipresente, mas só pode ser percebido no agora. No agora, o Reino de Deus se torna realidade; no agora são necessárias formas e estruturas concretas. Por isso, na nossa abadia, sempre houve e continua havendo mais confrades que exercem uma profissão manual do que padres (sacerdotes). O lema beneditino "*Ora et labora*" (rezar e trabalhar) se concretizou aqui. A oração, o louvor a Deus, ocorre no trabalho. E muitas vezes é justamente isso que é necessário nesse momento, o que está "na hora" de ser feito. Essa clareza também era muito importante para Bento de Núrsia.

Neste momento, estou vivendo isso pessoalmente. Depois de uma crise, reorganizei e reestruturei minha vida aqui na abadia. Isso inclui passar parte do meu tempo de trabalho na nossa forja e oficina de metais. Percebo como esse trabalho é importante. Muitas vezes, o que se faz aqui não chama muita atenção. Só quando ninguém cuida desse trabalho é que ele se torna evidente – seja o conserto dos nossos veículos e bicicletas, seja o conserto e a manutenção da nossa central de gás orgânico, seja a instalação de sistemas de trancas e portões que protegem a abadia. Muitas vezes, o trabalho precisa ser deixado de lado ou interrompido porque um conserto urgente precisa ser feito imediatamente. Em suma, fazemos o que está "na hora" de fazer.

Bento de Núrsia expressa essa atitude quando escreve sobre a oração: "Na hora do Ofício Divino, logo que for ouvido o sinal, deixando tudo que estiver nas mãos, corra-se com toda a pressa. [...] nada se anteponha ao Ofício Divino" (RB 43,1-3). Assim, quando o sino chama para a oração, todo resto é secundário, tudo é deixado de lado, porque a oração é o que está "na hora" de fazer. Na verdade, porém, isso se aplica a tudo que os monges fazem no dia a dia – simplesmente porque trabalho é oração e oração é trabalho. Por isso, é importante fazer o que estou fazendo neste momento com todo o meu coração e com a energia necessária. Para decidir o que está "na hora" de fazer, devo primeiro considerar o que é necessário, mas também o que deve ser feito primeiro para que todos os outros passos possam acontecer depois disso. E o mais importante: depois de decidir o que precisa ser feito, eu preciso realmente fazê-lo.

Da mesma forma, isso acontece quando preciso arrumar algo. Se a desordem na minha sala está me incomodando, se tenho a sensação de que não tenho mais espaço para viver e que só estou criando riscos cada vez maiores de tropeçar, preciso enfrentá-la de forma sóbria e pragmática. Pois é o que está "na hora" de fazer. Por isso, por um lado, preciso de um plano para abordar meu projeto – talvez algo como um plano operacional ou de trabalho nas oficinas ou para construir uma casa. Por outro lado, também preciso simplesmente executá-lo, em vez de me perguntar por onde devo começar ou se hoje ou amanhã seria o melhor momento – "Na hora do Ofício

Divino, logo que for ouvido o sinal, deixando tudo que estiver nas mãos, corra-se com toda a pressa".

Isso também se aplica, evidentemente, quando sinto que preciso urgentemente arrumar a minha alma, o meu eu interior, porque noto que há coisas em mim que estão "desarrumadas".

> "Na hora do Ofício Divino, logo que for ouvido o sinal, deixando tudo que estiver nas mãos, corra-se com toda a pressa. [...] nada se anteponha ao Ofício Divino."
>
> *Regra de São Bento 43,1-3*

> A grama não cresce mais depressa se a puxarmos.
>
> Ditado africano

Perguntas

Como você estrutura sua vida, seu trabalho?

Você sente que está sempre com pressa porque há muito para fazer e realizar?

Apesar de toda a urgência, você tem tempo para se organizar e pensar no que precisa ser feito hoje?

Você consegue fazer uma coisa necessária atrás da outra e fazê-las em paz?

Você conhece a experiência do pequeno monge: Por haver tanto para arrumar, por haver tanto para fazer, você se distrai antes de começar?

Quais são as suas estratégias para evitar as coisas que precisam ser feitas, mas que você não quer fazer?

Exercícios

- Organize os seus "locais de construção": anote-os um por um em sua agenda ou caderno. Pondere-os de acordo com sua urgência (em termos de prazos). Há coisas que também podem ser deixadas para depois?

- Quando for a vez de arrumar, reflita: Qual é meu ritmo, quando terei tempo para isso?

- Divido o trabalho em partes (por exemplo, uma hora por dia) ou faço tudo de uma só vez?

- Bento de Núrsia fala do sinal que convoca ao ofício. Pense no que poderia ser para você um sinal que o lembrasse de que chegou a hora de arrumar as coisas – por exemplo, programe o despertador ou a agenda no seu celular.

3

O pequeno monge estava deitado na cama há tanto tempo, que o sino do meio-dia já estava tocando quando despertou de seus pensamentos. Finalmente, levantou-se.

"Ah não", pensou. "Eu sou eu, e a minha cela é do jeito que é – e o Pai Celestial me ama do jeito que sou; Ele não se importa se eu arrumo minha cela ou não..."

Um pouco perdido em pensamentos, o pequeno monge cantou os salmos durante a Liturgia das Horas. Mas, de repente, a sua voz se calou, porque o versículo seguinte dizia: "Senhor, Tu és aquele que estabeleceste a ordem".

O pequeno monge nunca tinha reparado nesse verso. Ele leu as palavras mais uma vez. E outra vez. E, de repente, sentiu que o Pai Celestial não estava nada satisfeito com a desordem em sua cela.

De alguma forma, o pequeno monge se sentiu um pouco envergonhado.

Conhecer a si mesmo

"O que você pode fazer para evitar que Deus nos ame?" Essa pergunta foi feita por um jovem, que já tinha uma carreira criminosa considerável para sua idade, ao diretor do lar onde estava internado. Quando trabalhei nesse lar durante algum tempo, depois dos meus estudos, o diretor me disse o quanto essa pergunta o havia surpreendido e o afetado, porque não a tinha esperado – tampouco da boca de um jovem já muito castigado pela vida.

Alguns anos atrás, quando fiz um sermão de Quaresma na igreja do nosso mosteiro, eu me lembrei desse episódio. Recordava vivamente dele. No decurso do sermão, expus a ideia de que todos nós realmente somos amados por Deus – do jeito que somos. E não há nada que possamos fazer contra isso. Falei com paixão e convicção e estava, por assim dizer, completamente absorvido em meu sermão. Até porque esse é um dos temas que me são muito caros.

No aconselhamento pastoral, vivencio repetidamente pessoas que cresceram sem amor, que não têm autoconfiança, que sempre se menosprezam e se desvalorizam. Para mim, é importante acompanhar essas pessoas para que elas possam desenvolver uma atitude interior nova e diferente em relação a si mesmas. O pequeno monge diz essa mensagem a si mesmo quando acorda e vai rezar. Com esse pensamento, ele justifica também o fato de não ter feito o que tinha decidido fazer: arrumar a cela. Talvez você também tenha pensado: "Por que arrumar meu quarto? Isso não é cansativo demais? E essa coisa de arrumar a cela não foi uma ideia absurda?"

Preciso admitir: eu aproveitei esse sermão também como uma oportunidade para dizer novamente a mim mesmo que sou bom do jeito que sou. E que sou amado do jeito que sou. Já que nós, os monges, tendemos a ter um pragmatismo sóbrio, não é exatamente o nosso passatempo favorito elogiar uns aos outros e dizer como somos maravilhosos ou que todos nós somos filhos amados de Deus. Por isso, precisamos dizê-lo a nós mesmos com mais frequência, não é?

Mas também aqui a sobriedade beneditina me alcançou. No dia seguinte ao sermão, um confrade se aproximou de mim e disse que ser amado era muito bom. O tom de sua voz me dizia que logo viria um grande “mas”. “Mas”, continuou ele, como eu esperava e temia, “isso significa realmente que não tenho de mudar nada na minha vida, na minha maneira de viver, de rezar, de ser monge? Então ‘tudo bem’, como se diz hoje em dia?”

Essa pergunta – uma vez formulada – estava agora tão firmemente fixada na minha memória como a pergunta (retórica) sobre o que eu poderia fazer para impedir o amor de Deus. A minha experiência até agora no caminho espiritual também me disse: se uma frase, uma pergunta ou um pensamento se fixa na minha mente, me atordoa e não me larga, isso definitivamente tem a ver comigo e com meus processos interiores. E é por isso que eu deveria pensar sobre esse questionamento.

No caso do pequeno monge, é um versículo do Salmo 99 que se fixa em sua mente durante a oração do meio-dia: “[Ele] estabeleceste a ordem!” (Sl 99,4). Inesperadamente, ele já não tem tanta certeza se Deus o ama do jeito que ele é. E, por isso, de repente, sente-se envergonhado. Mas que imagem de Deus está por trás dessa vergonha? Então, Deus seria alguém que quer que mantenhamos a ordem e que, portanto, verifica de forma mesquinha se nós a mantemos, e nos responsabiliza se não a mantemos. Mas então Deus seria um contador, representando a imagem de Deus com que muitos de nós crescemos e de que tínhamos medo? Deus seria então como São Nicolau, que via tudo e tudo anotava em seu grande livro? Um Deus desse tipo também não concordaria com nossos pecados e erros.

Lembro-me das minhas primeiras confissões na minha infância. Por exemplo, na minha confissão antes da minha primeira comunhão, confessei pecados que, do ponto de vista e das convicções atuais, não seriam considerados pecados, mas que, naquele momento, me enchiam de vergonha e medo diante desse Deus contador. Com o passar do tempo, a fé amadureceu em mim e eu adquiri a convicção interior de que Deus está mais preocupado com o bem-estar das pessoas do que com uma contabilidade mesquinha. Que Deus é íntegro e vivo. O bispo da Igreja, Inácio de Antioquia, dizia: “A maior glória de Deus é o homem vivo!” Portanto, a ordem na nossa vida não existe para Deus e para a satisfação dele, mas para nós mesmos, para a nossa concentração no essencial e para a possibilidade de nos alegrarmos com as coisas.

O salmo que chama a atenção do pequeno monge não é, portanto, uma acusação moral, mas antes um espelho de si mesmo: ele se convenceu de que não precisava arrumar a cela com a ideia de que, afinal, Deus o ama do jeito que ele é. A vergonha que agora se apodera dele é o "santo espanto" diante de si mesmo. Ele se dá conta de que usou Deus como desculpa para não fazer nada ou para deixar tudo como está.

Lembro-me de que a pergunta do meu confrade sobre se eu não tinha nada que precisava ser mudado na minha vida me atormentou durante vários dias e mexeu comigo. Até que percebi exatamente isto: saber que Deus me ama do jeito que sou não pode servir como desculpa para não mudar. Caso contrário, uso Deus para evitar dificuldades ou para não arrumar minha vida. A atitude "sou amado do jeito que sou" é apenas um lado da moeda. O outro lado é a promessa que ela contém: ela pode me encorajar a mudar e também a superar as dificuldades. O amor de Deus pode me apoiar exatamente nisso, em vez de ser usado como justificativa para cimentar as condições do jeito que são.

Olhar para o espelho

Quando eu era estudante em Münster, um livro intitulado *Porque eles amam a vida* foi publicado. Nele, os monges da abadia beneditina de Königsmünster (no Sauerland) descrevem os motivos que os levaram a entrar no mosteiro e o que os fascina na vida monástica. Quando eu analisava se o caminho monástico poderia ser o caminho da minha vida, esse livro foi um companheiro constante. Descobri nele uma grande alegria de viver, o amor dos monges pela vida e uma profunda satisfação com o caminho que tinham escolhido. Isso me atraiu fortemente. Entendi que o caminho beneditino consiste em amar a vida e em vivê-la em toda sua plenitude.

Ainda hoje, encontro pessoas que tendem a associar renúncia à vida numa ordem religiosa. Aos seus olhos, quando alguém entra numa ordem religiosa, há uma percepção de que houve uma renúncia à vida normal, por assim dizer, porque se promete o celibato e a obediência, sem experimentar tudo o que se entende vulgarmente por "aproveitar a vida". É certo que nem sempre é fácil ser monge, continua sendo um desafio, mas é um caminho excitante, nunca entediante, que dá vitalidade. Para mim, ser monge me ajuda a crescer em direção à pessoa que sou nas minhas profundezas.

Desde os primórdios do monasticismo, o autoconhecimento tem sido um elemento essencial. Isso se torna especialmente claro nos escritos dos chamados Padres do Deserto, que, nos primeiros séculos depois de Cristo, buscaram a solidão do deserto para encontrar Deus e a si mesmos. Eles descrevem um confronto constante com seus egos, com as tentações, com as distrações – em suma, com tudo que interfere no caminho do monge em direção à sua profundeza. Eles estão sempre preocupados em perguntar: O que me impede no caminho para Deus e para mim mesmo? Onde é que eu mesmo obstruo meu caminho? Onde continuo a inventar desculpas e distrações superficiais que me desviam do essencial? Ninguém que começa a lidar consigo mesmo e a trabalhar em si mesmo pode evitar essas perguntas. É aquilo cuja psicologia moderna chama de "trabalho com a sombra".

O pequeno monge encontra sua sombra quando se deita na cama e não se deixa convencer de que precisa pôr as coisas em ordem, mas, na verdade, é ele que parece precisar de ordem. Caso contrário, o versículo do salmo não o teria atingido com tanta força e não o teria feito pensar sobre isso. Quando uma frase, um versículo ou um ditado me atinge, é porque aquelas palavras têm algo a ver comigo. Elas alcançam um assunto no fundo da minha alma que quer ser visto e reconhecido. Por isso, é crucial perguntar: Onde estou fugindo de mim mesmo, onde estou inventando desculpas? Quais são os meus mecanismos para fugir do encontro comigo mesmo?

O monge – a palavra deriva da palavra grega *monachos* – é literalmente aquele que vive sozinho. Isso também significa: ele suporta a si mesmo. Ele não foge de si mesmo, mas é, no melhor dos casos, alguém que se enxerga do jeito que é e sabe quando uma ideia, um pensamento é uma fuga e quando não é. Isso, pelo menos, é o ideal. Mas, como vemos no pequeno monge, nem sempre é possível se enxergar de verdade, resistir às tentações e distrações – nenhum de nós conseguimos isso.

Porém, a longa história dos buscadores espirituais também mostra que tudo aquilo de que tento fugir acaba me encontrando de alguma outra forma. Mesmo que eu não possa me entregar a prazeres exteriores e distrair-me com eles, por exemplo, para evitar os processos necessários (de colocar as coisas em ordem), isso me alcançará – em imagens interiores ou, como no caso do pequeno monge, por meio do verso de um salmo.

Como o nosso pequeno protagonista, nós monges ainda encontramos imagens e temas interiores desse tipo na Oração dos Salmos. Nas cinco orações diárias, os salmos são recitados em voz alta, em conjunto. Dessa forma, confrontamo-nos com o mundo emocional e com os temas da pessoa que escreveu esses versículos. A teologia faz uma distinção entre os salmos de maldição, de lamentação, de ação, de gratidão e de louvor, o que mostra que os 150 salmos do Antigo Testamento tratam de quase toda a gama dos sentimentos humanos. Aqui, por exemplo, trata-se da raiva contra os inimigos que querem matar o adorador. Ou ele se queixa da sua vida e do seu destino, que considera injustos. Mas ele também agradece a Deus pela sua salvação da desgraça e o louva por todas as coisas boas que lhe aconteceram na vida. Dessa forma, os salmos tornam-se um espelho de mim mesmo: assim como o pequeno monge se reconhece no versículo 4 do Salmo 99, eu posso me encontrar com as minhas questões nos salmos e me reconhecer. Se eu, como monge, prender-me a um versículo durante a oração diária dos salmos e se esse versículo me vier à mente, posso perguntar a mim mesmo: O que ele tem a ver comigo e com minha situação atual?

Se, por exemplo, um versículo do salmo que fala sobre a raiva me tocar, é possível que eu não sinta essa raiva conscientemente, mas inconscientemente ela se faz perceber dessa forma. Talvez seja uma raiva que conheço, mas que não quero admitir, porque ela sempre volta e eu tenho medo de não conseguir controlá-la. Ou talvez eu não goste dela, porque ela não se enquadra na minha autoimagem, já que me vejo mais como uma pessoa organizada, estruturada e sempre no controle de si mesma. Por essas razões, ela é reprimida e posta de lado. Assim, ela se transforma em minha sombra.

Talvez eu também me irrite com as imagens do popular Salmo 23, que louva a Deus como o bom pastor. Ele conduz o adorador a pastos verdejantes e às águas da vida. É o bom Deus que prepara a mesa e fornece comida abundante. Acho essas imagens lindas demais para serem verdadeiras, doces demais, românticas demais. A imagem que o salmo projeta se parece demais com um piquenique num campo verde, e o bom Deus é suavizado e banalizado. Um Deus desse tipo tolera tudo e todos, e com Ele cada um pode fazer o que quiser. Afinal de contas, Ele sempre perdoa. Quando penso assim, talvez eu carregue dentro de mim um anseio precisamente por esse tipo de harmonia, por um mundo perfeito. Mas, como não consigo admitir isso a mim mesmo e não estou disposto a me reorganizar interiormente e a arrumar a falsa imagem que tenho de mim mesmo e de Deus, eu me irrito com esse salmo.

No entanto, a oração é uma ajuda no meu caminho não apenas porque ela pode se tornar um espelho de mim mesmo, mas também porque a pessoa que reza se confia a Deus. Por exemplo, ela não exerce uma justiça vigilante contra os seus inimigos, e sim confia o julgamento a Deus. Ela traz para diante de Deus os seus inimigos, a sua raiva, tudo que a comove. De um ponto de vista psicológico, isso significa também pensar: não é minha tarefa avaliar-me ou mesmo desvalorizar-me, tampouco julgar-me quando me enxergo, me reconheço, me sinto envergonhado, irritado ou zangado. Pelo contrário, isso oferece uma oportunidade de me olhar no espelho e dizer: "Sim, eu sou do jeito que sou. E é exatamente assim que Deus me ama. Mas isso não significa que eu não possa nem queira mudar. Não são os meus sentimentos que devem ter controle sobre mim, nem os meus padrões e distrações. Em vez disso, reconheço os meus processos interiores, entendo sua mensagem e ajo de acordo com isso".

Um outro lugar de autoconhecimento é o trabalho do dia a dia. Para mim, como já disse, isso inclui há algum tempo também o trabalho prático na nossa forja, por exemplo, o conserto e a manutenção das bicicletas dos confrades e dos funcionários. Logo me dei conta de que, para parafusar, lubrificar, limpar e consertar, é preciso ter sensibilidade, paciência e atenção, qualidades que preciso desenvolver mais do que as que me são inatas. Além disso, as coisas nem sempre avançam tão rapidamente como eu gostaria ou penso que deveriam. Muitas vezes eu me irrito, o que não me torna mais atento. Ou me sinto tentado a fazer uma pausa primeiro ou a encontrar outro trabalho que seja mais urgente e mais divertido do que consertar uma bicicleta. O desafio é ter paciência e resistência e estar atento às coisas.

Mas, se eu começar a enxergar através do emaranhado das minhas várias emoções e assim assumir o controle, posso trabalhar de uma forma mais relaxada e dizer ao sentimento ou distração emergente: "Ah, aí está você mais uma vez; mas não vou lhe dar espaço agora". Em vez disso, posso respirar fundo e contemplar com calma a melhor maneira de resolver um problema, uma tarefa, um desafio agora, em vez de evitá-lo ou de me distrair. Assim, até a minha raiva deixa de me tirar o fôlego e de acelerar o pulso. Não permito que nada me deixe confuso, mas me organizo.

Encontrei uma imagem maravilhosa e útil para isso no acompanhamento terapêutico da minha crise que mencionei antes: surfar em minhas emoções, meus temas e meus movimentos interiores como numa onda. Essa imagem me impressionou muito e ainda ocupa meus pensamentos. Quando a ouvi pela primeira vez, eu pensei: "Queria que alguém tivesse me dito isso antes da minha crise!" Isso teria me ajudado a surfar nas ondas da minha vida e a dominá-las. Eu estava tão envolvido em tantas áreas de trabalho diferentes, lidando com questões privadas e desafios pastorais que me tocavam e, muitas vezes, me desafiavam. Em determinado momento, tudo se tornou demais para mim, eu já não conseguia manter a cabeça acima da água e – para continuar na mesma imagem – acabei sendo engolido por essas ondas.

Do ponto de vista atual, esse "desmoronar" foi necessário para que eu pudesse me reconstruir, organizar e estruturar para aprender a distinguir entre o importante e o não importante, para ter tempo para meus processos de autoconhecimento. Tive que compreender o que estava acontecendo dentro de mim naquele momento para encontrar a estrutura e a ordem interior e exterior que estou vivendo agora. Todos os dias tenho o prazer de constatar que estou muito melhor agora do que antes da crise.

Uma grande ajuda para a minha "reconstrução" foi o acompanhamento por meio da conversa tanto com o terapeuta como com meu abade. Às vezes, um interlocutor consegue ver as situações com mais clareza, talvez até enxergar através delas e, vez em quando, dizer "algumas verdades". Precisamente porque às vezes não queremos ver a nossa verdade pessoal, é bom que haja alguém com a permissão para expor algumas críticas ou para falar se tiver a impressão de que estamos nos perdendo em nosso caminho. Quando se tratou de estruturar as minhas áreas de trabalho para que eu conseguisse administrá-las de forma mais fácil, o abade sugeriu a ideia de trabalhar na forja. Por outro lado, isso significava abandonar outras áreas de trabalho que me eram queridas. Hoje em dia, gosto muito de trabalhar na forja, e muitas pessoas com que falo acham que esse trabalho combina muito bem comigo. Segundo Bento de Núrsia, o monge deve confiar tudo que o comove ao abade, em privado. Ele age e é igual a um médico que sabe tratar as feridas sem que elas se tornem evidentes e sem que todos fiquem sabendo delas. Na verdade, ele foi a primeira pessoa a quem me confidenciei e que me ajudou a encontrar o caminho para um processo que resultou numa reorganização.

Por isso, quando aprendo a estruturar os temas e a não fugir daquilo que vem à tona, mas a surfar alegremente as ondas da minha vida, então a vida passa a adquirir um ar de aventura. Ou, como disse um confrade quando entrei no mosteiro: "A partir de agora, o tédio será uma palavra estranha para você". Isso se confirmou! O que prova que estão enganados todos aqueles que acreditam que a vida religiosa é monótona, que não há variedade, muito menos vivacidade, e que é tédio puro.

Esse caminho de autoconhecimento também significa que eu assumo as responsabilidades – por mim e pela minha vida. Estou disposto a olhar para os meus sentimentos, emoções, problemas, a não fugir mais dos desafios e simplesmente seguir os meus padrões de escapismo sem questioná-los. Não são eles que me definem, mas eu os reconheço e entramos num diálogo e, assim, descubro a mensagem mais profunda que há neles.

Meus interlocutores – no meu caso, o abade e meu terapeuta – só podem me dar dicas. Somente eu posso realmente mudar minha vida e aplicar os conselhos. Ninguém pode fazer isso por mim. Meu abade, por exemplo, entrou em contato com a ferraria e perguntou se os funcionários conseguiam me imaginar trabalhando com eles. Isso também fazia parte de sua responsabilidade por mim. Mas quem precisava ir lá, botar a mão na massa e trabalhar o ferro quente era eu.

Aliás, nem sempre preciso estar em crise para dar passos em direção à mudança. Pode valer a pena perguntar-me, vez ou outra, onde estou atolado na minha vida; se minha vida está bem como está ou se há em mim um desejo por mudança em alguma área.

Se assim for, posso continuar a perguntar-me onde e como estou inventando desculpas – e se estou usando Deus ou seu amor ilimitado para fugir disso. Algumas pessoas também usam sua biografia para se convencerem de não fazer algo. Não há dúvida: há muitas pessoas que tiveram uma infância muito difícil. E muitas ainda sofrem com isso, ou as feridas são tão profundas que lhes falta a força para mudar de vida. Mas alguém me disse um dia: "Não posso desculpar tudo com o fato de não ter sido tocado com luvas de seda quando era criança".

Esse é um lado da questão. O outro é: se a força não for suficiente para mudar, talvez ela seja suficiente para pedir ajuda a alguém. Não preciso fazer tudo sozinho. Mas a percepção de que não consigo fazer algo sozinho já é uma forma de manifestar o desejo e a força para mudar alguma coisa. Assim, as coisas não ficam como estão.

Talvez as mudanças, os passos desafiadores, a organização da nossa vida nem sempre sejam divertidos. E, muitas vezes, são também terrivelmente cansativos. Mas, se eu quiser melhorar a minha vida e voltar a ser eu mesmo, preciso tomar a iniciativa e fazer alguma coisa.

"O poder do rei está em amar o direito: tu estabeleceste a ordem. O direito e a justiça em Jacó, és tu que os exerces."
Salmos 99,4

"Cuide o abade com toda a solicitude dos irmãos que caírem em faltas, porque 'não é para os sadios que o médico é necessário, mas para os que estão doentes'."

Regra de São Bento 27,1

Perguntas

Há hábitos, condições, situações em que você sinta que algo não é bom para você?

Quais são as razões pelas quais você ainda não os mudou?

Você já passou pelo que o pequeno monge passou, ou seja, querer arrumar a cela e depois desiste? Quais desculpas você inventa? Ou o que mais o impede de fazê-lo?

Você conhece situações em que enganou a si mesmo, em que não foi fiel a si mesmo? Quais foram ou são as razões disso?

Há "locais de construção" na sua vida em que sente que está fugindo de si mesmo? Quais são as razões?

Exercícios

Leia a Bíblia no Livro dos Salmos. Comece pelo Salmo 1. Qual é a palavra que o toca? Por que ela o toca nesse momento? O que ela tem a ver com você?

Reflita: há outra frase, um ditado, uma sabedoria que seja importante para você neste momento? Por quê?

Tente falar com alguém que você conhece! Conte-lhe da sua vida, o que o preocupa, como você está, onde sua vida está desorganizada, onde não consegue entender o que está acontecendo. Peça uma opinião a essa pessoa. Às vezes, uma perspectiva externa é necessária para enxergarmos melhor a situação.

Pense nisto: O que o motiva a arrumar seu ambiente – por dentro e por fora? O que o apoia nisso?

4

Depois da Liturgia das Horas, os monges caminharam juntos pelo claustro até a pequena sala de jantar. Ainda imerso em suas reflexões sobre ordem e desordem, o pequeno monge seguiu seus confrades, mas o abade gentilmente o parou na porta. “Você está tão perdido em pensamentos”, disse ele.

Assustado, o pequeno monge gaguejou: “Eu... ah, sim...”

“Você gostaria de dar um passeio no jardim comigo depois do jantar?”, perguntou o abade.

“Sim, eu adoraria!”, o pequeno monge respondeu imediatamente – e ficou um pouco aliviado por poder conversar com o sábio abade sobre seus problemas.

Conforme combinado, eles se encontraram no jardim após a refeição. Caminharam lado a lado em silêncio por um tempo, então o pequeno monge perguntou: "Pai abade, o Pai Celestial não gosta de mim quando faço uma bagunça?"

"Ah, sim, Ele gosta, sim", respondeu o abade. "Ele gosta de você do jeito que você é." Eles deram mais alguns passos, então o abade acrescentou: "Mas a sua bagunça pode atrapalhar o seu próprio caminho. E isso o afasta do que é importante".

O pequeno monge percebeu que o dedão do pé ainda doía. "Sim, acredito que isso seja verdade", ele pensou consigo.

"Pai abade, quero arrumar minha cela!", disse o pequeno monge, e o próprio pequeno monge se surpreendeu ao ouvir essas palavras saindo da boca dele. "Mas não sei por onde começar."

"Você quer arrumar suas coisas? Isso é bom!", respondeu o abade. "Você se lembra de suas férias nas montanhas?"

O pequeno monge acenou com a cabeça: "Sim, é claro! As altas montanhas me assustaram um pouco no início, quando estávamos ao pé delas. Depois subimos, cada vez mais alto, e a vista do topo foi maravilhosa".

"Veja bem", disse o abade, "a montanha de sua desordem ainda o assusta agora. Mas a jornada para o pico mais alto começa com um pequeno passo", acrescentou. "Comece assim: com pequenos passos. E, pouco a pouco, você chegará ao topo da montanha."

O pequeno monge não respondeu nada. Fez uma breve reverência em agradecimento, e eles terminaram sua caminhada pelo jardim em silêncio.

Passo a passo

É quase uma verdade banal que toda jornada – mesmo a mais longa – começa com o primeiro passo. E, provavelmente, todos nós conhecemos a experiência que o pequeno monge fez ao escalar a montanha.

Mais uma vez, lembro-me de minha peregrinação a Santiago de Compostela. Para mim, na verdade, ela não começou com o primeiro passo. Começou com a decisão de percorrer esse caminho e, antes disso, tive que me perguntar se esse caminho seria o próximo e correto passo em minha situação de vida naquele momento. Nesse sentido, o pequeno monge já começou a arrumar sua cela com seus primeiros pensamentos ("Quero arrumar minha cela") e a decisão de fazê-lo ("Começarei amanhã").

Depois de decidir que faria a peregrinação, a próxima pergunta era: Por onde começar? O ponto de partida "clássico" para muitos peregrinos é a pequena cidade de Saint-Jean-Pied-de-Port, na fronteira da França. É lá que todas as rotas de peregrinação de toda a Europa para Santiago se encontram para, então, confluir em um único "caminho", como ele é conhecido daí em diante. Dependendo do ritmo dos peregrinos, eles precisam de umas três semanas para alcançar o grande objetivo. Naquela época, porém, eu sentia a necessidade de caminhar por mais tempo. Queria que fossem pelo menos três meses, para que eu tivesse tempo e espaço para responder em paz às minhas perguntas.

Para encontrar meu ponto de partida, fiz um cálculo simples: com três meses de peregrinação e um mínimo realista de 20 quilômetros por dia – era o que recomendavam os guias dos peregrinos –, 1.800 quilômetros a pé me pareciam viáveis. Um mapa da Europa me mostrou que Cluny – a cidade com o mais importante mosteiro beneditino da Idade Média – estava a essa distância de Santiago de Compostela. A conhecida comunidade ecumênica de Taizé fica muito perto de Cluny, e esse lugar cristão seria o ponto de partida para minha peregrinação em setembro de 1999. O objetivo: chegar a Santiago até o Natal.

Quando cheguei em Taizé, conheci outro peregrino alemão. Quando ele soube dos meus planos, decidiu espontaneamente me acompanhar por mais alguns dias para facilitar o início de minha peregrinação. Taizé era, na verdade, o fim de sua etapa atual no Caminho de Santiago e ele queria voltar para casa dali. Fiquei muito grato por essa companhia. Depois de três dias, meu companheiro se despediu e continuei minha peregrinação sozinho.

Ainda me lembro muito bem desse momento, quando estava completamente sozinho. Na noite daquele dia, em que só consegui percorrer alguns quilômetros, eu ainda estava muito exausto. Provavelmente porque, ao contrário do meu corpo, minha alma havia percorrido muitos quilômetros: desde a ideia inicial de percorrer esse caminho, passando por minhas perguntas, dúvidas e resistência, até aquele dia específico. Eu tinha orgulho de mim mesmo por ter chegado até ali.

Se, no início de minha jornada, eu tivesse continuado a pensar sobre a longa distância que ainda teria que percorrer, acho que, após o primeiro dia desafiador sozinho no caminho, eu teria pensado: Será que vou conseguir? Talvez eu tivesse voltado para casa logo em seguida. Mais tarde, tive que lidar com essas perguntas. Um dia, em um café francês, um morador me perguntou para onde eu estava viajando. Quando lhe contei o que estava fazendo, ele me olhou com total perplexidade e não podia ou não queria acreditar que eu queria caminhar até Santiago de Compostela. Com um desdém perceptível, ele disse: "A vida é sua", e me deixou ali, deixando claro o que achava de meu projeto. Isso não foi muito motivador e me deixou em dúvida.

Graças a Deus, sempre fui capaz de concentrar minha atenção no desejo que tinha dentro de mim de alcançar o grande objetivo. Foi isso que me fez partir todas as manhãs com coragem renovada e continuar minha peregrinação com vigor. Foi como Antoine de Saint-Exupéry escreveu certa vez: "Se você quiser construir um navio, não reúna homens para obter madeira, designar tarefas e organizar o trabalho, mas ensine-os a ansiar pelo vasto e infinito mar". No meu caso, o vasto e infinito mar era o antigo local de peregrinação no extremo oeste da Espanha.

A caminho, percebi rapidamente que era importante desenvolver uma estrutura diária fixa, que, entre outras coisas, me obrigasse a levantar e partir em um determinado horário todas as manhãs.

Nada de "porém" ou "mas". Em contato com outros peregrinos, percebi que cada um tem sua própria estrutura e ritmo nesse caminho. Alguns começavam no meio da noite, outros no fim da manhã; alguns queriam percorrer o maior número de quilômetros possível o mais rápido possível; outros se deixavam levar e esperavam com calma, para ver em que lugar chegariam à noite e onde encontrariam acomodação. Todas as manhãs, quando partia novamente, eu estabelecia uma meta para o dia que eu poderia alcançar tomando um passo por vez.

Assim, percorri uma média de 25 quilômetros por dia. Com alguns intervalos, um tempo à noite para comer e escrever em meu diário e, é claro, para dormir o suficiente, isso bastava para mim. E eu ficava satisfeito e feliz quando realmente alcançava minha meta à noite e conseguia avançar em minha jornada.

Entretanto, quanto mais me aproximava de Santiago, mais longas se tornavam minhas etapas diárias. Um dia, cheguei a percorrer 42 quilômetros na neve e no frio. Se alguém tivesse me dito isso no início da jornada, eu teria olhado para essa pessoa e balançado a cabeça em descrença. Mas, em algum momento ao longo do caminho, você chega a um ponto em que percebe: quero chegar lá agora e finalmente conseguir concluir minha jornada. O destino, que já não está muito distante, atrai você quase que magicamente. Esse impulso interno pode liberar poderes inimagináveis.

Se eu transferir essas experiências para meu dia a dia, a primeira coisa que me vem à mente é a regra que se aprende nos cursos de gerenciamento de tempo: nunca planeje algo para todo o tempo disponível. Pois, quando faço isso, primeiramente suponho que conseguirei administrar tudo o que precisa ser feito e, em segundo lugar, acredito que não haverá interrupções que atrasem o trabalho. É importante que eu tenha uma visão realista do trabalho e da minha capacidade de trabalhar; portanto, não planejo o que gostaria de fazer no tempo disponível, mas o que é realmente possível e viável para mim. Tenho que me lembrar de meu próprio ritmo, de minha maneira de alcançar meu objetivo, passo a passo.

Se eu estiver no fluxo e gerenciar minhas tarefas bem e com facilidade, sempre poderei adiantar tarefas que planejei para uma data posterior. No entanto, trabalhar dessa forma é mais motivador do que se eu assumir muitas tarefas, concluir apenas metade do que havia planejado e, então, minha lista de tarefas para o dia seguinte ficar cada vez mais longa. Se eu trabalhar dessa forma por um longo tempo, em algum momento, tantas coisas inacabadas se acumularão, que não saberei mais como administrá-las nem por onde começar. E provavelmente me perguntarei de onde veio essa montanha de trabalho.

Parece-me ser algo parecido quando se trata de arrumar, organizar e separar as coisas. Quando penso em minhas próprias experiências com isso, lembro-me de que a tarefa de arrumar algo – a começar por um planejamento realista e realizá-lo passo a passo –, em algum momento, passou a ser divertida. É bom liberar espaço, literalmente abrir espaço para mim mesmo, e ter uma nova visão geral de minhas posses. Essa alegria, por sua vez, libera a energia necessária para continuar até eu alcançar minha meta.

O idealismo realista

Como um homem pragmático sóbrio, São Bento era também um realista. Ele não se iludia nem iludia seus monges e era verdadeiro no melhor sentido da palavra. Ele sabia que não se deve exigir demais das pessoas. Se exigir demais, as pessoas podem quebrar como um arco que é esticado para além de seu limite. Ao mesmo tempo, uma pessoa precisa de tensão – assim como um arco – para poder voar livremente em direção ao seu objetivo. Essa tensão positiva é criada por uma tarefa que tenho, um "trabalho do dia" que precisa ser feito e que traz ordem e estrutura para minha vida. Se não tiver esse tipo de entusiasmo, você pode simplesmente deixar passar o dia e não saber o que fazer consigo mesmo. Você se torna preguiçoso e indolente. E a preguiça, diz São Bento – ele a chama de ociosidade –, é inimiga da alma.

No entanto, visto que o nível (de desempenho) de cada pessoa é diferente e cada um tem seu próprio ritmo de vida, a tensão na vida de cada indivíduo também deve ser individual e não deve exceder seu próprio limite. Em minha comunidade há confrades que já estão totalmente despertos de manhã cedo, na primeira oração, e dormem depois das Completas. Outros monges só acordam à noite e têm dificuldade de se levantar cedo. Alguns precisam de um cochilo ao meio-dia, outros têm seu desempenho máximo na hora do almoço.

A fim de ressaltar a importância dessa tensão na vida do indivíduo, São Bento não se abstém de formular ideais. Entretanto, ele também reconhece as fraquezas de seus monges e sabe que ninguém é perfeito. A Regra diz o seguinte sobre as fraquezas: os monges devem "tolerá-las pacientissimamente" (RB 72,5). Para mim, isso significa na prática: não adianta exercer pressão – nem sobre os outros nem sobre mim mesmo. Forçar a si mesmo ou aos outros a realizar ou tomar medidas para as quais ainda não estão preparados pode trazer resultados no curto prazo. Mas, a longo prazo, os limites individuais serão ultrapassados e o arco se partirá.

Quando eu ainda era conselheiro em nossa escola de ensino fundamental, sempre havia alunos cujo limite de desempenho em Matemática, por exemplo, havia sido alcançado, e a nota era um 7 suficiente. No entanto, os pais esperavam mais e achavam que tinham de ajudar os filhos a tirar notas melhores com aulas extras e com uma pressão mais ou menos sutil. Eu dizia aos alunos: “Vocês sabem, eu não vou transformar um Fusca numa Ferrari. E um Fusca é um carro bom e confiável. Você não vai ganhar nenhuma corrida com ele, mas, com persistência, ele consegue percorrer longas distâncias”.

Lembro-me também de minha faculdade. Quando estava prestes a fazer meus exames finais, minha cabeça estava cheia depois de seis horas de estudo intensivo todos os dias, e eu não conseguia absorver mais nada. Esse era o limite de meu desempenho. Outros alunos sentavam-se em suas mesas e estudavam por muito mais tempo. Eu não concluí meus exames com notas máximas, mas com boas notas. Era assim que as coisas aconteciam comigo, e eu aceitava isso. Portanto, sempre se trata dos limites do que é possível. E tem a ver com um planejamento e uma avaliação realista de suas próprias capacidades.

Um exemplo maravilhoso do pensamento realista de São Bento é sua atitude em relação ao álcool. Em sua regra monástica, ele escreve: “Ainda que leiamos não ser absolutamente próprio dos monges fazer uso do vinho, como em nossos tempos disso não se podem persuadir os monges, ao menos convenhamos em que não bebamos até a saciedade, mas parcamente” (RB 40,6).

Como pai do monaquismo ocidental, São Bento valorizava a renúncia ao álcool. Mas ele também sabia que isso era incompreensível para os monges de sua época e, portanto, permitia uma quantidade fixa de vinho por dia para cada monge.

Em 2019, queríamos adaptar um pouco mais a rotina de nossa comunidade à vida cotidiana moderna. Tivemos muitas discussões sobre isso com antecedência e trocamos opiniões e ideias. Uma coisa ficou clara para nós desde o início: não iríamos inventar a rotina perfeita. E, certamente, tampouco uma rotina que agradasse a todos. Portanto, o que nos foi orientado perguntar é: O que é viável? Qual é um compromisso com o qual todos consigam viver? Mas onde está o limite do que é viável? Se você quiser demais em um processo como esse, se for muito idealista, em algum momento todos ficarão de mau humor e você não conseguirá mais alcançar todos os monges. Então, no fim, nada funcionará e cada passo será bloqueado.

O que nos impressionou nesse processo foi que conseguimos discutir a rotina sem que ninguém desvalorizasse a opinião da outra pessoa ou a pressionasse a mudar de ideia dizendo que "isso já não corresponde mais ao espírito beneditino". Nas discussões, por exemplo, surgiu em algum momento a questão de quantas vezes deveríamos celebrar a santa missa durante a semana. Nosso acordo anterior era fazer isso diariamente. Um confrade que entrou para o mosteiro na década de 1980 disse que, naquela época, era impensável, um sacrilégio, uma heresia, questionar a missa diária. Ela era uma lei, uma medida de oração e adoração, e isso tinha de ser cumprido. Se alguém não quisesse ou não pudesse cumprir esse padrão, dizia-se abertamente: "Você pode ir embora, há muitos jovens esperando lá fora que gostariam de entrar". Essas declarações podem ser ofensivas e não são encorajadoras para um jovem que enfrenta uma luta interior consigo mesmo, com o caminho escolhido e suas exigências.

Foi muito encorajador perceber em nossa discussão que conseguíamos olharmos juntos para a realidade de hoje e perguntarmos que rotina, que número de orações e cultos é compatível com nossa vida cotidiana moderna. Tivemos permissão e total liberdade para perguntar, questionar e dizer o que pensávamos, sentíamos e queríamos sem sermos criticados de imediato. O que já foi estabelecido e praticado por muito tempo facilmente é consagrado como tradição, com a implicação de que isso deva ser preservado a todo custo. Mas não é essa a questão, pois as regras monásticas também devem servir aos monges e à sua missão, e não vice-versa. Portanto, foi (e ainda é) necessário perguntar: O que nos beneficia hoje? O que ajuda os monges a cumprir sua missão em seu tempo? De acordo com São Bento, tudo o que fazemos deve ser feito "para a maior glória de Deus". Mas como isso pode ser vivido hoje? O mundo moderno e a vida cotidiana moderna não param na porta do nosso mosteiro. No passado, a abadia abrigava muito mais monges do que hoje. O trabalho que tinha de ser feito era distribuído entre muitas pessoas, e a vida era mais contemplativa e tranquila. Hoje, por outro lado, as demandas que devemos satisfazer são diferentes. O trabalho é distribuído entre menos monges, a comunicação é mais diversificada graças à mídia social e é caracterizada pela acessibilidade. Parece que a vida se tornou mais rápida.

Isso tem um impacto muito concreto sobre a vida cotidiana dos confrades que trabalham na escola, por exemplo. Agora temos uma escola que funciona o dia todo, com mais de 800 alunos. Portanto, as aulas continuam à tarde. Isso significa que os confrades envolvidos na escola muitas vezes não têm a oportunidade de participar de todos os momentos de oração. O mesmo se aplica ao cuidado pastoral. Além disso, sempre há compromissos noturnos: apresentações teatrais, concertos, conversas com os pais, mas também reuniões de batismo e de cuidado pastoral.

Outros confrades têm tantas reuniões e conversas durante o dia, que só têm tempo à noite para arrumar sua escrivaninha, responder a e-mails e lidar com coisas que foram adiadas. A noite é, portanto, muito mais longa devido a vários compromissos, e por isso alguns confrades só vão para a cama muito tarde. Isso levanta a questão de qual é o momento certo para começar a orar pela manhã. Essas perguntas e considerações levantadas pelas realidades de nossas vidas tiveram um papel importante em nossa discussão e puderam ser abordadas abertamente. No fim desse longo processo não encontramos a solução ideal para nossa rotina, mas uma que todos conseguiam aceitar. E, acima de tudo, uma solução que fosse viável e pragmática.

Essa visão da vida e das pessoas baseada na realidade é muito importante para São Bento. Já mencionei isso: por mais que ele valorizasse o ideal, ele também estava ciente das possibilidades reais das pessoas e de suas limitações. Quanto mais tempo estou aqui, quanto mais velho fico, mais percebo que a vida é sempre um compromisso ou, em outras palavras, uma reconciliação com ideais que não foram alcançados e que não podem ser vividos. Meu terapeuta, que também é terapeuta de casais e já foi casado várias vezes, disse-me: "Sabe, em cada relacionamento há uma área em que as coisas são perfeitas, em que vocês se dão bem e se complementam. Depois, há uma área em que você diz: ele não é perfeito, mas posso conviver com isso. E há uma terceira área em que você diz: 'Isso não é possível'". Você precisa aceitar essa realidade e se reconciliar com ela. Eu só posso confirmar isso em relação ao mosteiro. Afinal de contas, somos apenas uma comunidade de pessoas muito diferentes. Mesmo que muitas pessoas ainda nos vejam como "monges santos e como cristãos melhores", as palavras de um confrade falecido, que ele sempre repetia, também se aplicam a nós: "Nem mesmo num mosteiro tudo é perfeito".

Posso aplicar isso à minha própria pessoa e, provavelmente, a qualquer vida. Isso se aplica às minhas atividades diárias, que envolvem muita estrutura, mas também arrumação. Se eu conseguir avaliar a mim mesmo e minhas habilidades de forma realista, isso me salvará de um grande perigo: do perfeccionismo. Muitas pessoas sofrem com isso porque criaram uma autoimagem idealizada que, na verdade, não conseguem alcançar em nenhuma das situações cotidianas.

Penso também em um confrade que reage de forma muito enérgica quando alguém diz que ele foi "chamado" por Deus para ser monge. Ele acha que isso não só dá ao confrade a oportunidade de achar que é uma pessoa especial, um "escolhido de Deus", mas ao mesmo tempo – e isso é ainda mais preocupante – ele se esforçaria muito para cumprir esse ideal e essa vocação e viver como um escolhido.

As palavras do teólogo e escritor Johannes Bours são muito mais simpáticas e verdadeiras para a vida: "O homem é conduzido pelo caminho que escolhe". Isso enfatiza a liberdade individual e dá ao indivíduo o espaço para determinar o ritmo em que deseja percorrer seu caminho. E Deus o acompanha. Nenhum monge precisa se adequar a um ideal só porque acredita que Deus o chamou para isso, a fim de agradar a Deus e cumprir sua suposta vocação.

E isso se aplica a todas as pessoas, não apenas aos monges. Todos nós temos a missão de sermos fiéis a nós mesmos, de sermos verdadeiros conosco e de trilhar o caminho que permite que nos sintamos vivos. Se alguém escolhe o caminho beneditino, isso acontece porque (assim espero) esse caminho é bom para ele, porque ele se sente realizado nesse caminho, e não para ser "santo" e se colocar acima dos outros nem para atender às expectativas externas ou até mesmo internas.

Lembre-se da imagem: toda jornada na vida é uma peregrinação, não uma pista de corrida. E não há nenhum troféu esperando por nós no final, mas "apenas" o fato de termos nos encontrado.

Se eu olhar para minha vida dessa forma, posso "mudar" para um ritmo e uma cadência adequados a mim e às minhas possibilidades. Os ideais ou o desejo de sempre querer fazer tudo perfeitamente, por outro lado, podem me levar a encerrar de forma apressada um caminho que comecei. Assim como, quando estava arrumando meu escritório, eu pensei em cada pedaço de papel que havia em minhas caixas para ver se deveria jogá-lo fora ou não, e então parei rápido de arrumar, porque perdi a motivação. Entretanto, o perfeccionismo também pode fazer com que eu nem comece a fazer algo porque estou convencido de que não conseguirei fazê-lo perfeitamente. Antes de fazer malfeito, prefiro não fazer nada.

No início de meu caminho como monge, evidentemente, eu também tinha um ideal em mente de como um monge deveria ser e o que caracteriza um bom monge. Sobretudo no início, estava entusiasmado e cheio de zelo. Assim, corria o risco de querer cumprir um ideal no qual não me encaixava. A frase de um confrade de que o maior erro que você pode cometer é se comparar com os outros me ajudou muito. Ela me impediu de me colocar sob pressão. Havia também confrades aqui na comunidade que eram e são exemplos para mim e que me fascinaram e ainda me fascinam em seu modo de viver e de ser monge. Mas eles são exemplos para mim porque tenho a impressão de que encontraram seu caminho autêntico na vida e permaneceram fiéis a si mesmos. Eles realizaram seu potencial dentro da estrutura do caminho beneditino. E, acima de tudo, em áreas pelas quais também tenho muito interesse: cuidado pastoral e arte. No diálogo com eles, pude aprender que também trilharam seu caminho passo a passo e tiveram que encontrá-lo primeiro. E que não são perfeitos, têm suas deficiências, falhas e fraquezas. O que importa é sempre o caminho que escolhi para mim, e não o caminho de outra pessoa.

Muito mais importante para mim nesse caminho é perguntar: Como posso me desenvolver? Qual é o próximo passo para me tornar ainda mais a pessoa que sou? Como posso me tornar mais eu mesmo?

Isso também se aplica à arrumação e à classificação, para inserir ordem em minha vida. Em vez de querer fazer tudo perfeitamente, posso perguntar: Como posso melhorar a situação atual? Trabalhar de acordo com essa pergunta significa que não preciso pegar cada folha de papel e revirá-lo, por exemplo, mas talvez primeiro fazer um plano de como posso criar ordem. Uma vez que tenha feito isso, posso pensar nas próximas etapas. Aqui também um "suficiente" basta por enquanto. Portanto, a pergunta básica é: O que posso alcançar de forma realista e com o que posso me contentar?

O pequeno monge encontra um interlocutor no abade, que lhe dá exatamente esse conselho quando o pequeno monge percebe que não está chegando a lugar algum. Ele também lhe diz: "Você não precisa fazer tudo perfeitamente". Em especial quando você percebe um bloqueio em alguma coisa ou não sabe o que fazer em seguida, pode ser útil conversar com alguém que saiba o que fazer, que talvez também se espelhe em você e deixe claro qual é o motivo do bloqueio ou que lhe mostre que, ao não abordar algo, você está fugindo de si mesmo.

Durante meu tempo como noviço no mosteiro, foi o mestre dos noviços que me impediu de ser ansioso demais e fez sugestões sobre o que me faria bem e poderia me ajudar agora – também para liberar inibições e bloqueios dentro de mim. Por sugestão dele, por exemplo, comecei a procurar a terapia iniciática, que usa métodos que podem conduzir a pessoa para mais perto do âmago de seu ser. Mais tarde, conheci meu guia espiritual, com quem mantenho um diálogo regular até hoje. Ele é um psicólogo analítico junguiano, e eu converso com ele principalmente sobre meus sonhos e suas mensagens provenientes das camadas profundas e inconscientes do meu ser. Sua orientação me ajudou, por exemplo, a entender melhor o que é o sonho. Sua orientação me ajudou, por exemplo, a reconhecer a importância do caminho beneditino para a minha alma – especialmente os desafios desse caminho com os quais reluto.

Uma perspectiva externa sempre pode nos ajudar a nos estruturarmos e a não desistirmos tão rapidamente. Certa vez, pedi a um amigo, cujo apartamento eu achava muito arrumado e estruturado, que me ajudasse a dar os primeiros passos para arrumar meu escritório e criar uma ordem geral. Conseguimos fazer isso em meio dia, e isso não só me ajudou muito, mas também me deixou feliz, mesmo que eu ainda tivesse que fazer um trabalho minucioso.

> "A ociosidade é inimiga da alma; por isso, em certas horas, devem ocupar-se os irmãos com o trabalho manual, e em outras horas com a leitura espiritual."
>
> *Regra de São Bento* 48,1

"Ainda que leiamos não ser absolutamente próprio dos monges fazer uso do vinho, como em nossos tempos disso não se podem persuadir os monges, ao menos convenhamos em que não bebamos até a saciedade, mas parcamente."

Regra de São Bento 40,6

"Tolerem pacientissimamente suas fraquezas, quer do corpo, quer do caráter."

Regra de São Bento 72,4-5

Perguntas

Você consegue se avaliar de forma realista? Sabe quais são seus limites, tanto físicos quanto mentais? Você sabe o que lhe faz bem? Sabe o que é ruim para você?

Há alguém com quem você possa conversar, alguém de quem você possa aceitar ajuda se estiver preso ou perceber que está bloqueando seu próprio caminho?

Em que medida você é perfeccionista – em uma escala de 1 a 10?

Você sabe se prefere não começar nada quando percebe que não consegue atingir 100% de desempenho?

O que poderia ajudá-lo a sair desse "congelamento" e a fazer coisas como, por exemplo, arrumar a casa?

Exercícios

Desenvolva um plano realista, e que seja adequado a você, para arrumar sua casa ou seu apartamento! Quais poderiam ser os "pequenos passos" para você – dos quais o abade fala ao pequeno monge?

5

O pequeno monge decidiu começar a arrumar tudo na manhã seguinte. Depois do café da manhã, ele voltou para sua cela e pensou no primeiro pequeno passo.

"Os livros precisam ser retirados do chão", disse para si mesmo, e colocou a pilha sobre a pequena escrivaninha.

"Preciso abrir espaço para eles aqui primeiro", continuou, e removeu da mesa um castiçal não utilizado, cinco cartões que havia recebido em seu último aniversário, o calendário do qual não virava as páginas havia semanas, dois lápis já bastante desgastados e a lupa que guardava para o ler textos de letra miúda, para procurar um lugar adequado para eles na prateleira.

Alguém bateu à porta e, antes que o pequeno monge pudesse gritar "Entre!", o abade entrou na cela. "Ah, vejo que está arrumando", disse ele imediatamente.

"Sim, pai abade", respondeu o pequeno monge, "estou tentando dar pequenos passos, como você disse".

"Ótimo!", o abade o elogiou e acrescentou: "Tenho outro presente para você, que certamente o deixará muito feliz!"

"Ah, que bom", disse o pequeno monge, alegre. "Mostre-me, o que é?" O abade colocou as mãos nos bolsos profundos de seu hábito. "Feche os olhos! Estou com ele aqui, mas não posso lhe dizer até que você o segure em suas mãos."

O pequeno monge se apressou em se voltar para a prateleira – ele ainda tinha o castiçal, o calendário, as cartas, as canetas e a lupa em suas mãos. "Espere, eu só quero dar uma olhada rápida... Ah, está tudo tão cheio aqui..."

O abade sorriu: "Percebe como a sua desordem está atrapalhando você neste momento?" E acrescentou: "Somente aqueles que abrem mão de algo têm as mãos livres para quaisquer coisas belas que possam vir!"

O pequeno monge se sentiu desmascarado. Ele empilhou as coisas de volta na mesa. "Somente aqueles que abrem mão têm as mãos livres", repetiu.

"É isso mesmo", respondeu o abade: "Somente aqueles que abrem mão têm as mãos livres – e o coração também!" E, com isso, ele se virou e deixou o pequeno monge sozinho em seu caos.

Abrir mão

"Menos é mais" – você poderia reduzir a essa frase o que o abade está tentando dizer ao pequeno monge aqui. E ela se aplica a várias áreas de nossa vida. Por exemplo, aprendi na prática, em minha peregrinação, que é mais fácil caminhar com menos bagagem. Quando comecei a arrumar minha mochila para a viagem de três meses, no início ela era sempre muito pesada. Eu simplesmente queria levar muita coisa. Não se tratava de "artigos de luxo" ou de coisas que eu queria levar comigo, mas apenas de coisas que eu achava necessárias.

Mas logo entendi: eu teria que diminuir o peso, caso contrário não conseguiria. Foi um verdadeiro desafio me livrar de cada vez mais coisas das quais eu realmente não podia prescindir. Não consigo me lembrar de quantas vezes arrumei e rearrumei minha mochila até que enfim atingi um peso com o qual achava que conseguiria caminhar bem. Mas, quando finalmente iniciei a peregrinação, percebi que a mochila ainda estava muito pesada.

Felizmente, logo percebi que, ao contrário do que supunha, eu não precisava de algumas coisas, como o fogãozinho a gás ou o saco de dormir. Havia muitas acomodações ao longo do caminho, e eu também encontrava algo para comer todos os dias no supermercado, na loja da vila ou no bar ao longo do caminho. Por isso, continuei mandando para casa coisas que acabaram se revelando desnecessárias. Muitas vezes, você só percebe o que precisa e o que não precisa quando está fora de casa. E descobre que alguns quilos a menos em suas costas fazem uma diferença incrível.

Quando voltei para casa depois de três meses de peregrinação e fiz uma parada em Munique, estavam acontecendo as liquidações de inverno. Um número inacreditável de pessoas estava abrindo caminho pelo centro da cidade em busca de uma pechincha. No meio dessa multidão, eu disse a mim mesmo: "Alguém aqui está maluco – ou eles ou eu". Depois de três meses sobrevivendo com tão pouco, eu me perguntei: "Do que eu realmente preciso para viver?" Com o pouco que eu carregava em minhas costas, eu tinha me saído bem em minha peregrinação – sem que me faltasse nada.

Tive uma experiência semelhante na casa de um amigo da minha família. Ele ficou viúvo muito jovem e, quando os filhos saíram de casa, passou a morar sozinho. Havia quatro áreas diferentes na enorme sala de estar. Três delas eram decoradas com móveis antigos e pesados, um tanto barrocos. Apenas a quarta, com móveis um pouco mais modernos, era usada. Sempre que eu estava naquela casa e entrava na sala de estar, eu sentia um peso enorme sobre meus ombros, e era como se algo me puxasse para baixo internamente. Era realmente o oposto de leveza.

Tive uma experiência completamente diferente na Abadia de Ndanda, na Tanzânia. Existe ali uma casa maravilhosa onde os monges se reúnem para reuniões e votações importantes. O cômodo não tem janelas, mas apenas saídas de ar inseridas na parede. Por elas, com frequência entra uma leve brisa que vem do Oceano Índico. Junto de cores e cadeiras claras, esse cômodo era uma composição maravilhosa de leveza que imediatamente deixava o coração mais leve e mais livre, no qual os fardos eram retirados dos ombros, por assim dizer.

Às vezes, temos uma tendência semelhante de querer preservar a tradição e conservar o passado quando projetamos uma sala. Isso não se aplica apenas a salas de estar, mas também a salas de igrejas, clubes ou outros locais com os quais associamos boas lembranças de nossa juventude, por exemplo. Admiro a coragem das gerações passadas que demoliram igrejas e construíram novas sem muita hesitação, porque uma nova era e uma nova atitude em relação à vida haviam surgido.

Hoje, é bastante raro que igrejas antigas sejam demolidas e novas sejam construídas para atender a uma nova atitude em relação à vida. Em vez disso, as igrejas costumam ser usadas para outros fins quando não estão mais disponíveis para sua finalidade original. Na maioria dos casos, razões financeiras desempenham um papel importante, por exemplo, se a manutenção da igreja não puder mais ser garantida ou se uma reforma urgente não for viável. Mas também nesse caso é preciso coragem por parte dos responsáveis para tomar a decisão de abrir mão de uma igreja como um espaço sagrado. Para muitas pessoas emocionalmente ligadas à "sua" igreja local, esse passo não é fácil e pesa em seu coração. Elas podem ter sido batizadas lá, se casado nessa igreja, celebrado cultos animados para jovens naquele lugar.

Nesses casos, o que importa é como as igrejas continuarão a ser usadas e se os novos proprietários se esforçarão para atender ao estilo de vida e às necessidades das pessoas de hoje. Por exemplo, se cafés, bibliotecas ou bares se mudarem para espaços anteriormente sagrados, isso criará lugares onde novas formas de encontro e comunidade serão possíveis. De certa forma, essa é uma continuação do propósito dos espaços da igreja. As igrejas também querem reunir as pessoas e criar uma comunidade. Querem transmitir a mensagem de que ninguém está caminhando sozinho e de que outros (e Deus) caminham com elas. Se essa experiência, que serve às pessoas, tornar-se possível novamente em espaços antigos, então aqueles que sofrem com a reatribuição de espaços sagrados poderão ser aliviados de parte do peso que sentem no coração, e uma nova leveza poderá entrar em sua vida.

Talvez eles possam dizer: "Isso alivia minha mente!" – um suspiro de alívio que muitas pessoas também reconhecem em outros contextos, quando algo pesado foi resolvido ou quando as preocupações que as assolavam se revelam infundadas. Metaforicamente falando, as pedras que caem sobre meu coração podem esmagá-lo e dificultar minha vida. Isso também pode envolver lembranças ou ofensas, ferimentos ou outras experiências do passado: velhos fardos que ainda carrego comigo e que me tiram o ar que respiro.

"Aqueles que abrem mão têm as mãos livres", diz o abade ao pequeno monge. Soltar essas pedras e fardos se torna mais fácil quando percebo o que acontece quando consigo fazer isso: com as mãos vazias e o coração liberado, estou pronto para receber coisas novas.

No acompanhamento das pessoas, sempre sinto esse desejo de poder viver de forma diferente e mais livre. Muitas pessoas percebem claramente que isso ou aquilo em sua vida não lhes faz bem e o quanto isso as restringe. Mesmo assim, elas se agarram a isso. Porque se acostumaram com a situação e sabem como lidar com ela e conviver com ela. Para muitos, até mesmo o velho, que os sobrecarrega, é melhor do que o novo, que eles desconhecem, pois não sabem o que lhes trará. Por exemplo, penso em pessoas que, após a morte de seus pais, ainda se apegam a viver da maneira que seus pais lhes ensinaram e esperariam que vivessem, mesmo que se sintam como se estivessem em uma prisão há anos. Ou pessoas que querem preservar o legado de seus pais, continuar a administrar os negócios, continuar a administrar as casas, mesmo que só tenham problemas com isso ou não tenham interesse algum nisso. Elas podem não estar felizes com a situação, mas se apegam porque acreditam que devem isso a seus pais.

Também me lembro de um padre que conheci durante a faculdade e que passava a impressão de sempre agir de forma um tanto compulsiva. Portanto, não ficamos surpresos quando ele abandonou o sacerdócio logo após a morte de sua mãe, entrou em uma sociedade e procurou trabalho no setor privado. Ele só havia assumido o sacerdócio por causa da mãe. Enquanto estava viva, ele era forçado a se ater ao que ela queria para o filho – e também ao que lhe garantiria o reconhecimento e o amor materno. Mas o que ele fazia e vivia não tinha nada a ver com seus próprios interesses. No fim das contas, após a morte da mãe ele conseguiu tomar a vida em suas próprias mãos e tirar esse fardo pesado dos ombros.

Sem dúvida alguma, todos anseiam por reconhecimento e amor. As pessoas têm a necessidade de serem vistas e de serem alguém. Entretanto, muitos costumam equiparar reconhecimento, apreço e amor à satisfação de expectativas. E ainda: o dinheiro também desempenha um papel importante no reconhecimento, ou seja, o que você tem e quem você é em decorrência disso. Mas também penso nas pessoas que estão fazendo a transição da vida profissional para a aposentadoria. Elas são desafiadas a abandonar o trabalho e, com ele, uma tarefa que lhes dava significado e autoestima. Agora que precisam abandonar essa tarefa, elas se deparam com estas perguntas: Quem serei quando me aposentar? O que restará de mim quando eu não for mais o chefe de departamento ou o empresário respeitado? Quem serei se estiver de "mãos vazias", por assim dizer?

No processamento terapêutico de minha crise, minha memória trouxe à tona um incidente que minha mãe sempre me contava, mas ao qual eu nunca tinha dado a devida importância. Após meu nascimento prematuro no sétimo mês, passei quatro semanas em uma incubadora no hospital em 1971. Ninguém sabia se eu sobreviveria. O médico responsável disse à minha mãe várias vezes: "Se Deus quiser, ele sobreviverá. Vá até a capela e acenda uma vela – por nós, médicos, e por seu filho".

Agora, de repente, percebi o poder que existe nesta frase: "Se Deus quiser, ele sobreviverá". Quando me lembrei disso, tentei imaginar o tom de voz com que o médico disse essa frase à minha mãe. Com quanta força ou cautela, com quanta contenção ou coragem impetuosa. Fiquei feliz ao visualizar isso: sim, sobrevivi. Então Deus queria e tinha algo planejado para mim. E também superei minha crise – com a força de Deus e porque Ele queria que eu o fizesse. Como resultado dessa crise, como já mencionei, tive de abrir mão de algumas coisas que tendiam a sobrecarregar minha vida e torná-la difícil: por fora, em termos de trabalho e carga horária; por dentro, em termos de minha autoimagem quanto a quem eu deveria ser.

Depois de superar essa crise, percebo agora que minha vida está muito mais fácil, mais relaxada, menos difícil, menos estressante, mais estruturada, e que meu coração está mais alegre. Deixei de lado algumas das expectativas que eu e os outros tínhamos em relação a mim, simplesmente deixei de lado ou devolvi algumas das tarefas que eu havia colocado sobre meus ombros. Tornei-me mais aberto a todas as coisas belas que a vida reserva e que me são oferecidas todos os dias. Se eu tiver que me definir hoje, eu diria algo assim: a vida é uma dádiva, eu sou alguém e tenho valor porque estou vivo. E porque Deus me quis do jeito que sou.

Na minha percepção, às vezes os teólogos e a Igreja têm a tendência de transformar Deus e a fé em algo mais complicado do que são – em outras palavras, no oposto de fácil e compreensível. O fato de existir uma doutrina de fé codificada, cujas palavras são incompreensíveis para “meros mortais”, e as tarefas estabelecidas para os fiéis serem exigentes e moralmente desafiadoras certamente contribui para isso.

Como resultado, muitas pessoas acham que a fé é mais um fardo do que algo que as ajuda a viver. No entanto, sempre vejo como a fé pode ser fácil e simples quando se trata dos jovens: para o culto de confirmação, os confirmandos escolheram a passagem do Novo Testamento em que Jesus acalma a tempestade no lago (Mc 4,35-41). Perguntei a um deles por que haviam escolhido essa passagem específica. Ele respondeu: “É óbvio: ela nos diz que Deus não pode ser derrubado”. Respondi espontaneamente: “Guarde essa frase e você saberá tudo o que precisa saber sobre fé para sua vida”. Basta saber: Deus é mais forte do que tudo e me dá forças para seguir meu caminho na vida.

Talvez seja também devido a meu caráter renano que é importante e necessário que eu não torne as coisas (da fé) mais complicadas do que são. O povo do Baixo Reno gosta de dizer: “Você pode tornar a vida difícil para si mesmo, mas não é obrigado a fazer isso!” Isso não significa que eu deva encarar tudo com leveza, e certamente não com um espírito leviano. Em vez disso, trata-se de uma atitude: serenidade, confiança em Deus e a certeza de que tudo dará certo no fim. Isso pode me ajudar a não me preocupar sempre com tudo e com qualquer coisa, a não me sentir responsável por tudo, a não ter que resolver tudo de imediato e salvar o mundo todos os dias, mas simplesmente aceitar as coisas do jeito que são.

De passagem

Quando nós, monges, nos vinculamos para sempre a uma comunidade beneditina por meio de nossos votos, isso também inclui a promessa de *stabilitas*. Isso significa permanecer em um mosteiro, em um lugar, por toda a vida. Para São Bento, essa estabilidade tem a ver com criar raízes e seguir uma ordem e um ritmo, encontrando apoio e orientação dentro deles. Mas, como acontece quando se vive em um lugar por muito tempo, é tentador – até mesmo para os monges! – acumular coisas.

Em sua Regra, São Bento escreve que o monge deve "ter diariamente diante dos olhos a morte a surpreendê-lo" (RB 4,47). Essa recomendação é um lembrete de que, como se diz em nosso rito fúnebre na bênção do caixão, "não temos lugar duradouro aqui". Apesar de estar preso e permanecer em um lugar, o monge – e todo ser humano – é um peregrino cuja jornada terrena termina com a morte.

Antigamente, costumava-se dizer principalmente sobre as pessoas ricas: "A camisa fúnebre não tem bolsos". Você não pode levar nada do que acumulou, economizou ou juntou em vida para o outro lado da fronteira. Na morte, todas as pessoas são igualmente ricas ou pobres.

Uma história da tradição espiritual: um andarilho foi surpreendido por uma forte tempestade nas montanhas. Ele procurou refúgio em um mosteiro e, como suas roupas estavam completamente encharcadas, os monges o convidaram para passar a noite lá. O viajante aceitou o convite com gratidão. Ele olhou ao redor do mosteiro com interesse e ficou surpreso com a mobília extremamente simples das celas. "Onde vocês guardam seus móveis?", ele perguntou a um dos monges. Em vez de lhe dar uma resposta, o monge lhe fez a pergunta contrária: "E você, onde tem seus móveis?" O hóspede balançou a cabeça diante de sua falta de compreensão. "Bem, estou numa viagem!" "Entendeu?", respondeu o monge com um sorriso enigmático. "Nós também!"

A percepção de que estou apenas de passagem e de que, como dizem, não posso levar nada comigo na jornada final direciona minha atenção para o que é essencial para mim na vida e para o que ela realmente é, quais deveriam ser os "suprimentos" em minha mochila que facilitam minha vida e a jornada da vida. E percebi cada vez mais o quão pouco eu realmente precisava à medida que continuava a esvaziar minha mochila de peregrino, como relatei antes. Depois de cada reorganização, eu estava convencido de que definitivamente precisaria do que ainda estava em minha mochila. Mas sempre chegava à conclusão de que estava errado. Acho que esse pensamento também desempenha um papel importante quando acumulamos coisas: "Tenho certeza de que precisarei disso novamente em algum momento". E então essas coisas ficam na prateleira, no porão, no depósito ou em outro lugar para sempre, e nunca são usadas.

São Bento é muito firme a esse respeito. Com relação às posses, ele escreve: "Ter nada de próprio, nada absolutamente, nem livro, nem tabuinhas, nem estilete, absolutamente nada" (RB 33,3).

É certo que ele tinha uma visão crítica da propriedade porque suspeitava que os monges ficariam com ciúmes uns dos outros por um ter mais do que o outro. A vida no mosteiro tinha o objetivo de ressaltar que todos eram iguais, independentemente de sua origem, ou seja, se vinham de uma família rica e instruída ou se eram camponeses pobres. Todos deveriam ser tratados com igualdade, simplesmente como seres humanos. No entanto, São Bento também percebeu que as posses que os monges traziam consigo para o monastério traziam o perigo de que as coisas fossem acumuladas e armazenadas sem nunca serem realmente usadas, porque na vida monástica você não precisa de muito mais do que aquilo que carrega consigo.

Entretanto, nem mesmo os mosteiros conseguem evitar completamente esse perigo. Isso vale ainda hoje. Sempre fico impressionado com a rapidez com que os cômodos vazios, como as oficinas abandonadas em nossa abadia, transformam-se em depósitos e o que se acumula ali. Você se pergunta: Onde todas essas coisas estavam armazenadas antes? Ou será que, antes, mais coisas eram descartadas e, agora que há mais espaço, elas simplesmente são armazenadas?

Para São Bento, é evidente – e ele até afirma isso na Regra – que todo monge deve ter os seguintes itens à sua disposição: "cogula, túnica, meias, calçado, cinto, faca, estilete, agulha, lenço, tabuinhas" (RB 55,19). Essas coisas são disponibilizadas, mas permanecem como propriedade do mosteiro e não pertencem ao monge. Se cada monge receber essas coisas, ninguém poderá se desculpar dizendo que lhe faltou alguma necessidade (RB 55,19).

Isso é semelhante à minha mochila na peregrinação. Isto é tudo o que eu tinha nela: duas trocas de roupa, dois pares de sapatos, sabão em pó, produtos de higiene pessoal, um manto de chuva, um diário, uma bíblia e dois litros de água.

São Francisco, que viveu 700 anos depois de São Bento, foi ainda mais radical nesse aspecto. Ele via sua ordem como um movimento contrário à Igreja, que havia se tornado uma das potências mais ricas e poderosas da sociedade em sua época. Como crítica a esse tipo de instituição, que era tão diferente do homem a quem alegava servir, ele até proibiu seus monges de construir moradias permanentes, ou seja, mosteiros. Em primeiro lugar, ele acreditava que Jesus também havia vivido como um pregador itinerante, sem um lar permanente. Além disso, quando você tem posses, precisa cuidar delas e, logo, usará sua energia para mantê-las. O resultado: você se torna ganancioso e quer ter cada vez mais.

O budismo nos ensina algo semelhante. Ele fala em "apego". O objetivo do fiel é se libertar de tais apegos. A ganância é a raiz desse apego humano às posses.

De acordo com o budismo, porém, as pessoas não estão apegadas apenas às posses, mas também a todas as suas emoções – como raiva e fúria, ofensa e orgulho ferido. Se eu permanecer apegado a esses sentimentos, eles também influenciarão meu comportamento. Por exemplo, há pessoas cujas vidas são determinadas pelas ofensas que sofreram. Elas se sentem constantemente vitimadas e podem desenvolver estratégias de evasão para se protegerem e evitarem novas mágoas. No entanto, com essa atitude, elas não percebem sua força e seu caminho na vida, mas sempre correm um pouco "fora dos trilhos" ou em círculos.

A meta de se libertar de tais apegos e de outras coisas semelhantes também pode ser encontrada no caminho cristão da vida e ser considerada uma meta cristã. Jesus fala sobre criar tesouros para o céu, e não riquezas nesta terra (cf. Mt 6,19-20). Em seguida, posso perguntar: O que ajuda as pessoas em seu caminho para o céu? E o que atrapalha? Se São Bento adverte contra as posses pessoais, certamente o faz também porque ele quer que o monge seja livre e permaneça em sua peregrinação, sem se apegar às coisas terrenas.

Hoje, quando cada monge tem sua própria cela (no passado havia grandes dormitórios que não ofereciam a oportunidade de acumular muitas de suas próprias coisas), além de um escritório ou uma oficina, o perigo de acumular coisas e se apegar a elas não necessariamente diminuiu. E isso não se aplica apenas aos monges, mas a qualquer pessoa que tenha um lugar para morar.

Portanto, vale a pena fazer a si mesmo a seguinte pergunta: E se tudo isso (minhas posses, minha propriedade) desaparecesse de um dia para o outro? A Bíblia descreve essa situação várias vezes: todas as posses de Jó são tiradas dele, ele luta com Deus, mas permanece em sua confiança nele e não se deixa dissuadir. Na Parábola do Fazendeiro Rico, Jesus conta que esse fazendeiro mandou construir grandes celeiros novos para abrigar todos os seus grãos, de modo que, então, tivesse uma vida boa e pudesse desfrutar de sua riqueza. Mas então Deus fala com ele, chama-o de tolo, diz-lhe que ele morrerá naquela mesma noite – e lhe pergunta quem será o dono de tudo o que ele acumulou. Certamente não pertencerá a ele. Assim, ele perde tudo e não tem nenhuma riqueza que possa apresentar diante de Deus (cf. Lc 12,16-21).

Com histórias semelhantes a essas, a Bíblia nos convida a explorar estas perguntas: Qual é meu fundamento real? O que de minha vida, de mim mesmo, permanece para a eternidade, por assim dizer?

Quando escrevi um texto devocional para um jornal da igreja sobre um dos chamados "discursos de despedida" de Jesus, que Ele fez antes de sua ascensão, percebi algo. Nesse discurso, Jesus diz a respeito de seus amigos: "[...] eles não são do mundo [...] assim como eu não sou do mundo" (Jo 17,14). Acho que nosso verdadeiro lar é o céu, seja qual for a definição que cada indivíduo tenha desse céu. É para lá que estamos indo.

O budismo diz que o objetivo do homem é entrar no Nirvana. Isso significa estar livre de tudo – e entrar em uma grande unidade do ser. Em termos cristãos, pode-se dizer que há algo como um núcleo eterno no ser humano, um fundamento divino que é indestrutível e permanece eterno. Seja eu budista, cristão ou seguidor de outra fé, estou sempre viajando para uma dimensão que não posso comprar com dinheiro, mas na qual também posso confiar. Se eu estiver viajando com essa confiança em Deus, então as emoções e outros apegos não mais me prenderão nem confundirão. Sou mais do que minhas posses, mais do que minhas emoções, mais do que minhas mágoas. E quanto menos eu me apegar às coisas terrenas, mais livre serei e mais facilmente poderei fazer a travessia quando chegar a hora. A mensagem de Jesus pode ser resumida neste sentido: "Deixe de lado o que o sobrecarrega, torne-se livre, comece de novo!"

A Bíblia descreve o seguinte encontro entre Jesus e uma mulher paralítica: "Num sábado, Jesus ensinava numa sinagoga. Havia ali uma mulher que há 18 anos tinha um espírito que a enfraquecia. Andava encurvada e não podia se endireitar. Vendo-a, Jesus chamou-a e disse: ‘Mulher, estás curada de tua doença’. Impôs-lhe as mãos, e ela imediatamente se endireitou e começou a louvar a Deus” (Lc 13,10-17).

De uma perspectiva holística, trata-se de ser levantado e liberado das coisas que tornam nossa vida difícil. Trata-se de andar pela vida com uma postura ereta, sem ser curvado por fardos e falsos apegos. Nesse sentido, o pequeno monge também pode continuar a arrumar as coisas, abrir mão delas e ver o que realmente precisa para a peregrinação de sua vida.

“E para que este vício da propriedade seja amputado pela raiz, seja dado pelo abade tudo o que é necessário, isto é: cogula, túnica, meias, calçado, cinto, faca, estilete, agulha, lenço, tabuinhas, para que se tire a todos a desculpa de necessidade.”

Regra de São Bento 55,18-19

“Ter diariamente diante dos olhos a morte a surpreendê-lo.”

Regra de São Bento 4,47

"Especialmente este vício deve ser cortado do mosteiro pela raiz; ninguém ouse dar ou receber alguma coisa sem ordem do abade, nem ter nada de próprio, nada absolutamente, nem livro, nem tabuinhas, nem estilete, absolutamente nada, já que não lhes é lícito ter a seu arbítrio nem o próprio corpo nem a vontade; porém, todas as coisas necessárias devem esperar do pai do mosteiro, e não seja lícito a ninguém possuir o que o abade não tiver dado ou permitido. Seja tudo comum a todos, como está escrito, nem diga nem tenha alguém a presunção de achar que alguma coisa lhe pertence. Se for surpreendido alguém a deleitar-se com este péssimo vício, seja admoestado primeira e segunda vez, se não se emendar, seja submetido à correção."

Regra de São Bento 33,1-8

Perguntas

De quais itens em seu quarto você realmente precisa?

O que o faz lembrar de belas experiências do passado que você pode guardar de forma mais vívida em seu coração?

Em que momentos de sua vida você se sente leve e relaxado? Por que justamente nesses momentos?

Exercícios

Imagine que sua vida é uma jornada, uma peregrinação, e você precisa arrumar uma mochila (de vida) para ela, que não deve ser muito pesada. Que itens você leva com você? Que lembranças? Quais são as experiências importantes? O que você aprendeu com elas? O que precisa definitivamente estar em sua mochila? Do que você pode abrir mão com confiança?

Você também pode fazer estas perguntas a si mesmo quando estiver arrumando a mochila: O que realmente deveria estar em minha mochila? Do que posso abrir mão?

Pense nisso em relação às emoções que ainda o prendem (por exemplo, raiva, fúria ou mágoa).

6

"Somente aqueles que abrem mão têm as mãos livres", repetiu o pequeno monge mais uma vez. "Mas é muito fácil falar isso. Fazê-lo é algo bem diferente!", ele resmungou. "Cada lembrança aqui na prateleira, as canetas, o calendário, os tênis – tudo isso é parte de mim, parte de minha vida!" Sua voz se tornou mais acusatória: "Tudo isso me realiza, me completa e me faz ser quem eu sou!"

Furioso, ele se jogou na cadeira e tombou no chão com um forte baque, porque não se lembrava de que havia colocado a pilha de livros sobre a cadeira.

"Jesus Cristo!", ele xingou em voz alta e, com raiva, retirou a pilha de livros da cadeira.

Quando olhou para cima, o mestre dos noviços, que ocupava a cela ao lado, estava parado na porta. "Que barulho insuportável é este?", ele perguntou, indignado.

"Perdão", disse o pequeno monge, que, de repente, sentiu-se cansado e triste. "Mas dê uma olhada ao redor – eu não sei por onde começar a arrumar essa bagunça!"

O mestre dos noviços pensou por um momento, depois apontou para os cinco lápis que estavam sobre a escrivaninha e perguntou: "Com quantas mãos você escreve?" "Só com uma, é claro!", respondeu o pequeno monge. "Por que, então, você tem cinco lápis? Um lápis para escrever, um lápis reserva, isso deve bastar, você não acha?" Essa pergunta impressionou o pequeno monge. Ele entendeu e assentiu brevemente com a cabeça.

O mestre dos noviços apontou para o bule de chá: "Pegue o bule. O que você sente?" O pequeno monge pegou o bule, fechou os olhos e começou solenemente: "Recebi este bule como presente do Mestre Basho, no Japão".

"E?", o mestre dos noviços o interrompeu: "Ele o deixa feliz?"

"Feliz?", perguntou o pequeno monge com espanto. "Não, ele só é uma lembrança." "Quando foi a última vez que você o usou?", perguntou o mestre dos noviços. "Eu nunca o usei", respondeu o pequeno

monge. "Entendo", disse o mestre dos noviços. "E agora, quando você olha para o espaço na prateleira: o que o deixa mais feliz? O bule em sua mão ou o espaço livre na prateleira?"

O pequeno monge olhou alternadamente para o bule e para a prateleira: "Seria mais satisfatório se eu pudesse manter o espaço na prateleira", disse ele.

"E quanto a isso?", perguntou o mestre noviço, apontando para uma das conchas da praia. "Elas me deixam feliz!", disse o pequeno monge rapidamente. "Veja como são bonitas: essa cor cintilante, esse formato!"

"Sei", disse o mestre noviço, pensativo. "Mas as pedras e conchas me parecem muito empoeiradas..."

"Ah, isso é... é porque só as limpo muito raramente e porque só as pego de vez em quando. Quase nunca consigo ter tempo para isso", disse o pequeno monge, quase com tristeza.

"Você deveria pensar se prefere manter a bela lembrança da praia ensolarada com suas conchas e pedras em seu coração do que sob uma camada de poeira na prateleira", respondeu o mestre dos novatos.

Ele olhou para a pilha de livros espalhada pelo chão. "Este livro aqui: *Introdução à prática meditativa de arquearia* – eu não sabia que você tinha se tornado arqueiro..."

"Não, não me tornei! Comprei o livro porque o assunto parecia muito interessante", respondeu o pequeno monge.

"E quando você vai começar a praticar arquearia meditativa?", perguntou o mestre dos noviços. "Eu... não sei", o pequeno monge gaguejou, "talvez em alguns meses..." "Ou talvez nunca?", o mestre dos noviços continuou a perguntar.

"Talvez", disse o pequeno monge, já resignado.

"Então, provavelmente seria melhor se você pudesse abrir mão também disso aqui. Você sabe o que o pregador disse: 'Para tudo há um momento, há um tempo para cada coisa debaixo do céu: tempo de guardar e tempo de jogar fora'".

Então o pequeno sino do mosteiro tocou e os dois foram para as orações em silêncio.

O pequeno monge trabalhou muito nos dias seguintes. Ele observou suas coisas com muita atenção, com os olhos e com o coração. A caixa na qual havia escrito "Abrir mão" em letras grandes já estava bem cheia.

Quando terminou de arrumar tudo, olhou em volta com satisfação: o regador estava de volta em seu lugar perto da janela (ele já havia regado as plan-

tas), os tênis estavam ao lado da porta, dois lápis estavam sobre a escrivaninha, ao lado do apontador e da borracha (ele a havia encontrado embaixo de algumas revistas antigas) – ou seja: tudo estava em seu lugar.

"Que vista maravilhosa!", disse o pequeno monge solenemente.

Em seguida, ele se sentou na cama, pegou o livro que havia colocado na mesa de cabeceira durante a arrumação e acrescentou: "E amanhã vou começar a praticar arquearia!"

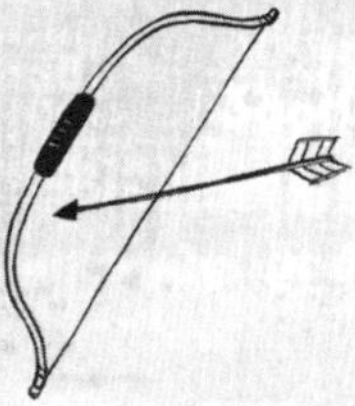

Tudo tem seu lugar

Nunca me esquecerei do momento em que, em uma manhã de inverno em dezembro de 1999, fui presenteado com uma vista maravilhosa. Fiz a última curva de minha rota de peregrinação e cheguei ao local de meus sonhos. Eu tinha contemplado o lugar que estava em minha mente e em meu coração todos os dias durante três meses: a antiga igreja de peregrinação de Santiago de Compostela, onde, de acordo com a tradição, São Tiago está enterrado e para onde inúmeros peregrinos viajaram ao longo da história da Igreja. Eu ainda não conseguia acreditar – eu tinha chegado, completado a jornada e, naquele momento, senti uma única coisa: pura alegria. Eu me esqueci de todas as dúvidas, as dificuldades, os desafios exaustivos.

O pequeno monge também tinha alcançado sua meta. As palavras dele – "Que vista maravilhosa!" – expressam pura alegria e o alívio que o preenche. A jornada também não foi fácil para ele. Mas agora o pequeno monge finalmente alcançou seu destino:

tudo está em seu devido lugar. Nada falta em sua cela, não há excesso, não há escassez. Nada obstrui seu caminho, tudo está arrumado. Agora ele só pode fazer uma coisa: apreciar a vista maravilhosa diante dele.

Para alcançar isso, ele reuniu mais uma vez todas as suas forças e passou vários dias arrumando e separando coisas, abrindo mão delas. Mais uma vez, foi uma conversa com um confrade que lhe deu coragem para percorrer o trecho decisivo em seu caminho. E isso o levou ao coração. É aqui, no coração, que guardamos o essencial – como lhe ensinou o mestre dos noviços, cuja tarefa é apresentar aos jovens monges a vida monástica e, portanto, também o que realmente importa nesse caminho. O essencial são as belas e importantes experiências da vida, mas não as coisas que nunca foram usadas e que foram esquecidas há muito tempo.

Portanto, agora tudo está em perfeita ordem e em seu devido lugar – em sua cela e em seu coração. Ele ficou apenas com as coisas que o alegram em seu espaço de vida e em seu coração; em sua cela "interna", ele guarda agora o essencial – lembranças e experiências importantes de sua vida.

Quando visualizo isso, a sensação de aperto do início, a sensação de excesso, talvez até a impressão de que não há espaço para respirar desapareceram. A célula arrumada, por outro lado, na qual tudo está em seu devido lugar, cria espaço e clareza – independentemente do número de metros quadrados da cela.

Isso, por sua vez, me faz lembrar da reorganização de nossa rotina. Ela organiza o tempo e o espaço em que vivemos todos os dias e nos dá uma estrutura vinculativa com a comunidade. É por isso que foi importante o que perguntaram para nós, os monges, durante a reorganização: Tudo aqui está em seu devido lugar? O horário da nossa oração matinal é adequado? Algumas orações são longas demais? Será que um momento de oração precisa de uma ênfase diferente e nova em termos de conteúdo? Precisamos resolver alguma coisa? Nossa oração, nossa adoração, nossa vida em conjunto alcançam nosso coração ou é um ritual puramente externo, uma vida comunal que consideramos essencial, mas que não nos satisfaz? Tudo deve ser organizado de forma a nos beneficiar, a nos dar espaço para respirar e permitir que sejamos claros e verdadeiros.

Desde o momento em que começamos a discutir esse tema, percebemos que essa reorganização de nosso ritmo de vida não era apenas uma questão de começar a rezar um mais cedo ou mais tarde. Em vez disso, tratava-se de abrir espaço para mudanças que nos permitiriam penetrar mais profundamente nos rituais que realizamos e entender seu significado. Afinal, quando entramos em nossa igreja para nossos momentos de oração, não estamos apenas entrando em um espaço da igreja. Estamos também entrando em nosso espaço interior, em nossa "cela interior".

Entramos no lugar onde Deus habita, onde Ele está muito próximo de nós. São Paulo fala de nosso corpo como a morada de Deus (cf. 1Cor 3,16-17), onde estou em contato com Deus. A oração tem o objetivo de limpar e clarear nossa cela interior, para que nada realmente se interponha entre mim e o sagrado, entre aquele que quer ser minha fonte de força e eu. Pode-se dizer também que nossa oração comum, que ocorre cinco vezes ao dia, é nossa cela cardíaca, na qual as coisas essenciais acontecem. É o nosso centro a partir do qual vivemos.

Na oração e diante desse Deus também podemos nos libertar de tudo que nos sobrecarrega. A oração no limiar da noite, as Completas, expressa isso explicitamente. Nela pedimos a Deus que perdoe nossos pecados. Em outras palavras: que Ele leve embora tudo o que dificulta nossa vida e nos sobrecarrega. Pedimos que possamos deixar isso de lado para que a mochila da vida de todos se torne mais leve.

A fim de nos aprofundarmos ainda mais nesse processo relacional, decidimos, ao final de nosso processo de discussão, cantar a *Laudes*, nosso louvor matinal, entre outras coisas. Anteriormente, nós o recitávamos em um tom de fala. Uma religiosa que passou vários dias conosco disse que nossa *Laudes* era uma *Laudes* "anoréxica". Essa palavra nos conscientizou. Por causa desse comentário, passamos a cantá-lo. Isso nos trouxe uma dinâmica diferente, um ímpeto animado para o dia, por assim dizer, e isso corresponde à *Laudes*, porque é um louvor à nova vida que desperta a cada manhã – na natureza e em nós.

Além disso, decidimos não mais celebrar a Eucaristia, a Ceia do Senhor, diariamente, para que ela não se tornasse comum e se transformasse em uma rotina. Para que isso acontecesse, também reduzimos essa celebração a seus elementos essenciais. Separamos o que não era parte indispensável dela. É essencial que o centro dessa celebração possa emergir claramente: Cristo, que, de acordo com a convicção católica, está presente no pão partido e quer ser alimento e força para nós na peregrinação da vida. O fato de agora começarmos a celebração eucarística mais tarde na ordem de nossos horários diários nos dá espaço para ficarmos em silêncio por tempo suficiente após a nossa oração matinal, a fim de termos um tempo pessoal de meditação. Antes da reorganização, o tempo entre a oração matinal e a Eucaristia só bastava para uma xícara de café, para tomarmos um pouco de ar fresco. Muitas vezes havia pressa e um ritmo agitado que não fazia bem às nossas almas.

É exatamente isso que a ordem monástica – que, às vezes, exige muita disciplina e pode parecer rígida para alguns – pretende alcançar: fazer bem, levar o indivíduo ao relaxamento e à serenidade, servir à vida e à vitalidade. Ela quer abrir espaço para o essencial. Isso também se aplica às nossas refeições na hora do almoço e à noite. Todos os dias, reservamos o tempo necessário para comermos juntos em paz. Ao fazer isso, damos ao corpo a atenção e o espaço de que ele precisa. Mas não se trata apenas de comer; comer juntos também faz bem à alma e tem uma qualidade diferente do que se eu simplesmente pegasse um hambúrguer ou um sanduíche e o comesse em pé ou até mesmo trabalhasse durante o almoço.

Os horários reservados para o nosso trabalho também pretendem oferecer espaço para que todos desenvolvam seu carisma e encontrem significado nele. Porque isso é igualmente importante: que cada um esteja em seu lugar na estrutura maior do mosteiro e cumpra sua tarefa. À noite, antes da oração noturna, nós nos reunimos mais uma vez para a recreação. Esse é um espaço para entretenimento e comunidade. Trocamos ideias, discutimos e rimos. Isso nos fortalece ao longo do caminho.

Portanto, tudo o que é necessário e essencial para nós está em seu devido lugar em nossa rotina. A vantagem desse tipo de organização é que não preciso reinventar a roda todos os dias. Não preciso estruturar meu dia todas as manhãs e pensar em quando tenho tempo para o quê, quando tenho espaço para quais necessidades ao longo do dia. Quando me levanto, sei como será meu dia. Certa vez, um confrade, com um sorriso no rosto, disse em uma entrevista que já sabia que em 2035 tomaria uma cerveja no jantar neste dia específico, que, obviamente, será um domingo. Porque é isso que fazemos todos os domingos.

A princípio, essa rotina e regularidade podem passar a impressão de tédio. A mesma coisa todos os dias, sem variedade, emoção ou suspense. Tudo sempre segue o mesmo padrão. No entanto, acho que é exatamente o oposto: nossa vida com sua rotina, na qual tudo e todos têm seu lugar fixo, é absolutamente libertadora. Não preciso gastar energia o tempo todo planejando meu dia. Não preciso pensar: O que vou fazer agora? Quando terei tempo para trabalhar, quando poderei descansar, quando terei tempo para contemplação e oração? Esses momentos são incorporados à minha rotina diária. E minha cabeça e meu coração ficam livres para outras coisas importantes e posso direcionar minha energia para minhas tarefas.

Essa estrutura, que libera energia para o essencial e, ao mesmo tempo, fornece tudo que é necessário, que serve a mim, ao meu corpo, à minha alma e aos outros, é igualmente importante para as pessoas que vivem fora do mosteiro. Sobretudo no momento de escrita deste texto, em tempos de pandemia, muitas famílias são forçadas a passar o dia inteiro juntas em casa: os pais trabalham no escritório remotamente (*home office*), e as crianças têm suas aulas *on-line*. Viver juntos exige uma nova e boa organização. No entanto, isso não se aplica apenas a épocas excepcionais, mas também a um dia a dia que funcione e cuja estrutura ajude a evitar a necessidade de reorganizar as coisas todos os dias: Quem se encarrega de qual tarefa? Quem faz as compras da semana? Quem leva o lixo para fora? Quem organiza as refeições? Quando vamos comer? Quem cuida dos animais de estimação, da louça e da roupa suja? Isso poupa energia, evita conflitos e mau humor e promove a união.

Entretanto, essa divisão também exige organização, ou seja, ação consciente, além de um questionamento de tempos em tempos. Será que tudo isso ainda se encaixa na maneira como organizamos nosso dia a dia? Isso nos faz bem? Isso nos ajuda? Caso contrário, simplesmente vivemos lado a lado, e a rotina se transforma em uma prisão, no oposto de liberdade. E muitas vezes é um grande desafio manter esse equilíbrio.

Todos os anos, em minhas férias, fico surpreso com o quanto minha rotina monástica se enraizou em meu interior: todos os dias acordo às 4:30h da manhã. Mesmo sem despertador. E acordo de verdade. Isso se enraizou em mim por meio de uma ordem externa repetitiva do dia. Também não consigo voltar a dormir. Mas gosto de acordar cedo, ter paz e tranquilidade, além de tempo para fazer uma caminhada enquanto a natureza desperta, por exemplo. É maravilhoso estar ao ar livre a essa hora do dia, ver o nascer do sol, ouvir o canto dos primeiros pássaros. Nas férias, esse é meu louvor, minha oração. Isso anima minha alma e me inspira para o dia. E então tenho um longo dia inteiro pela frente, que posso aproveitar e organizar.

Os benefícios de uma ordem e uma rotina bem-estabelecidas também se aplicam à arrumação, à ordem básica em minha casa. Depois de criar essa ordem básica em que tudo está em seu lugar, tenho uma vista maravilhosa ou uma visão geral clara e sei onde tudo está. Então, posso simplesmente colocar as coisas que usei de volta em seu lugar e não preciso pensar em onde colocá-las. As outras pessoas também podem encontrá-las novamente e não precisam procurá-las quando precisam delas. Assim, consigo encontrar as coisas às cegas, por assim dizer, da mesma forma que posso confiar cegamente em minha rotina diária sem ter que refletir muito sobre isso. Essa é a chave para uma casa arrumada, mas também para uma vida "organizada": onde tudo tem seu lugar.

O coração amplo

Quando um visitante entra no centro de informações anexo ao nosso portão, ele é conduzido primeiro por um corredor estreito antes de entrar em duas salas grandes e espaçosas, onde recebe informações sobre a vida monástica, nossa abadia e suas diversas atividades no mundo. Antes de o espaço se expandir, o visitante precisa passar por essa seção estreita. O que São Bento diz sobre o caminho do monge no prefácio de sua Regra pode ser vivenciado aqui: "Não fujas logo, tomado de pavor, do caminho da salvação, que nunca se abre senão por estreito início" (RB Prólogo 48).

E continua dizendo: mas para quem avança na vida monástica "dilata-se o coração" (RB Prólogo 49). Ele está se referindo à experiência que o pequeno monge também fez: o caminho até o destino é, muitas vezes, difícil, estreito, muito cansativo no início. Mas se você perseverar, no fim, poderá desfrutar da vista maravilhosa, da vastidão e da liberdade.

O Schwanberg fica perto da nossa abadia. É o lar de uma comunidade de irmãs protestantes que vivem de acordo com a Regra de São Bento. Uma de suas tarefas é cuidar do bosque do cemitério, localizado na floresta vizinha à abadia. Antes de uma urna ser enterrada ali, a urna e o falecido são abençoados mais uma vez. Para essa bênção, as irmãs criaram um local no caminho que leva ao bosque onde há uma escultura de bronze: o manto protetor de Cristo. Na primeira vez que vi essa escultura, ela me tocou profundamente. Cristo está envolto em um amplo manto e estende os braços. Sob esse gesto e seu manto, todos estão seguros, protegidos e abrigados: jovens e idosos, saudáveis e doentes, fortes e fracos. É uma representação da misericórdia e, portanto, também de um "coração amplo", que não apenas desempenha um papel importante na espiritualidade beneditina, mas também é o objetivo real da vida monástica. A meu ver, esse coração amplo permite que uma pessoa não se desespere com os outros e suas fraquezas, nem consigo mesma e com sua própria sombra, mas que se levante sempre de novo, com coragem, e siga em frente. Uma das frases mais maravilhosas para mim na Regra de Bento ressalta isso: "E nunca desesperar da misericórdia de Deus" (RB 4,74).

Vêm-me à mente pessoas que irradiaram algo dessa expansividade e misericórdia. Quando me reorganizei durante minha crise e arrumei meu interior, desenvolvi um relacionamento novo e mais intenso com meu pai, que morreu quando eu tinha 16 anos. Eu também tenho um novo relacionamento com o lado paternal em mim. Existe aqui uma relação com o que sou de acordo com meu nome: Padre Zacharias. *Pater* é a palavra latina para "pai". Qualquer pessoa que tem esse título também deve ser um "pai" para as pessoas – e para si mesmo.

Meu pai era 30 anos mais velho do que minha mãe, vivenciou a Segunda Guerra Mundial e passou vários anos como prisioneiro de guerra na França. Ele nunca falava sobre esse período, mas certamente carregava muitas coisas pesadas dentro de si. Durante os 16 anos em que ele me acompanhou em minha vida, nunca ouvi uma palavra negativa dele. Eu me lembro sobretudo de sua cordialidade. Por exemplo, quando eu tirava uma nota ruim na escola, ele simplesmente dizia: "Da próxima vez, será melhor!" Nunca esquecerei da gentileza e da bondade com que me olhava.

Meu conselheiro espiritual também é uma dessas pessoas paternais em minha vida. Ele é um homem de família que vive com os pés no chão, uma pessoa fundamentada e espiritualizada que, tendo acompanhado inúmeras pessoas, sabe como a vida funciona e conhece os abismos em que elas podem cair. Qualquer que seja o problema que eu tenha, qualquer que seja a incerteza que me preencha, ele sempre diz com muita confiança em Deus e muita serenidade: "Você não precisa se preocupar!" Misericórdia, confiança, é isso que sinto nele. Quando ouço essa frase, dou um suspiro de alívio e sei que podemos seguir em frente! E analisamos juntos qual é o próximo passo, como o problema que está me incomodando pode ser resolvido.

Os visitantes de nossa igreja também experimentam repetidamente esse tipo de abertura sincera que permite que você seja o que é, que o aceita e acolhe. Um professor de estudos litúrgicos que já foi nosso convidado falou sobre o quanto gostou do espaço enorme que a igreja oferece. Ele disse que não se sentiu perdido nela – o que certamente é uma possibilidade, tendo em vista o tamanho. "Consegui respirar e ser eu mesmo aqui", disse ele. Assim fica claro mais uma vez que os espaços não apenas fazem você se sentir leve por dentro, mas também podem expandir seu próprio espaço interno.

O pequeno monge também experimenta isso quando tudo finalmente está em seu devido lugar em sua cela. Um espaço como esse também permite concentração porque não há mais distrações: nenhum livro espalhado por aí que possa tentá-lo a dar uma olhada rápida nele. Nada que o atrapalhe.

Assim, chego ao fim deste livro voltando ao seu início. No começo, falei de centralização e simplicidade, dos elementos essenciais que deveriam estar presentes em todas as áreas de minha vida. Falei da necessidade de honrar todos os utensílios sagrados do altar, valorizando as coisas e, assim, também santificando a vida e meus espaços. Depois de chegar aqui, arrumar meus cômodos e minha casa e colocar tudo o que preciso em seu devido lugar, posso aproveitar o que conquistei por um tempo, talvez até comemorar ou me recompensar com algo agradável. Depois, posso me concentrar na próxima etapa e me perguntar: O que vem a seguir?

É uma pergunta que Jesus faz repetidamente às pessoas que Ele encontra e que esperam ser curadas por Ele: “O que você quer que eu lhe faça?” (cf. Lc 18,41). Em outras palavras: O que lhe faz bem, do que você precisa? A pergunta de Jesus é um desafio para que a pessoa a quem Ele dirige a pergunta dê a resposta por si mesma, decida por si mesma o que precisa, e não presuma que Jesus, o Messias, deve saber o que é bom para ela.

É interessante observar que a situação é bem diferente na Igreja Católica. Lá, é mais provável que os fiéis recebam a seguinte resposta: "Sei que isso lhe fará bem". Ou recebem respostas a perguntas que nunca fizeram. Ou a Igreja exige que aceitem decisões e instruções de superiores, de bispos ou do papa sem que eles sejam consultados. Frequentemente, essa aceitação é exigida como obediência à fé. No passado, a Igreja Católica costumava dizer: *Roma locuta causa finita* – ou, em tradução livre, "Roma decidiu, a questão está resolvida" e, portanto, não requer mais discussão. A rigor, a Igreja espera tal obediência de todos os seus fiéis e não apenas daqueles que, aos seus olhos, são oficialmente obrigados a fazê-lo – como padres e monges.

Graças a Deus, porém, pelo menos nos países de língua alemã, as discussões necessárias não podem mais ser proibidas. Quando, por exemplo, citando uma epístola do Papa João Paulo II, dizem que a Igreja Católica não tem autoridade para ordenar mulheres ao sacerdócio, a discussão continua porque as mulheres falam da vocação que sentem dentro de si, e assim fica claro que obedecer não é tão simples assim.

Os místicos de todos os tempos ressaltaram o divino em cada ser humano e enfatizaram que todos podem tomar decisões e encontrar respostas para suas perguntas no poder do divino. Não posso delegar a outros a responsabilidade de decidir o que é bom para mim.

Lembro-me de uma freira que passou muito tempo conosco. Desde o início, ela passava a impressão de estar presa dentro de si mesma, agarrada às suas regras religiosas. Durante sua experiência conosco, ela percebeu que esse tipo de vida não lhe fazia bem. Deixou sua ordem e descobriu não apenas sua liberdade, mas também o caminho que se tornou seu próprio estilo de vida. Seria uma oportunidade para a Igreja refletir sobre a pergunta de Jesus: "O que você quer que eu faça por você?" Ao fazer isso, ela ofereceria apoio às pessoas que a procurassem e as capacitaria a encontrar seu próprio caminho, a trilhar o caminho que é bom para elas e que lhes faz jus em sua dignidade e sua força divinas, e deixaria de ditar como esse caminho deve ser.

Uma sessão de terapia durante meu período de crise que me acompanhou por muito tempo foi com uma treinadora de emoções. O principal motivo pelo qual tinha entrado em crise havia sido a sensação de que tudo estava ficando muito pesado para mim e que eu não podia continuar assim. Minha vida estava abarrotada demais, como o quarto do pequeno monge. Eu não sabia mais por onde começar a trabalhar; de alguma forma, tudo era igualmente importante e igualmente urgente. Eu era igual ao pequeno monge: assim que pegava alguma coisa, eu não sabia onde colocá-la porque já havia outra coisa lá esperando por mim. Eu simplesmente havia perdido a visão geral.

A treinadora me deu uma demonstração muito tangível e concreta de como minha vida estava se desenrolando no momento: ela trabalhou com dez aros de ginástica durante essa aula. Primeiro, ela os colocou em movimento para que todos girassem ao mesmo tempo. Minha tarefa era manter os aros em movimento. Isso significava que eu tinha de ir de um aro para o outro e mantê-los girando. Para fazer isso, corria de lá para cá e fiquei sem fôlego. No final, não consegui, e um aro após o outro caiu no chão.

A próxima etapa foi descobrir quantos aros eu conseguia manter em movimento sem ficar sem fôlego e perder o ritmo. A treinadora chamou isso de minha "zona de conforto". Juntos, descobrimos que eu poderia me concentrar em três aros sem perder o fôlego. Um quarto aro poderia entrar no jogo de vez em quando, mas não permanentemente. Traduzindo isso para minha vida, isso significava que três tarefas podiam ser administradas por mim ao mesmo tempo, uma quarta poderia ser adicionada de vez em quando, mas não permanentemente. Na prática, isso resultou em minhas tarefas atuais: forja, casa de hóspedes, trabalho para a editora e escrever livros, artigos e devocionais para revistas. Sempre há também algum tipo de serviço que preciso fazer no mosteiro, participar da liturgia ou algo semelhante. Entretanto, esses serviços são programados para uma semana e não são permanentes.

Uma reorganização me faz bem, pois me concentro nas tarefas com as quais sei que consigo lidar. Essa clareza também pode ter um efeito sobre meu eu interior. Aplicando a história do pequeno monge: agora arrumei minha "cela interna", tudo está em seu lugar, encontrei uma rotina que me permite cumprir essas três tarefas – assim me sinto muito "arrumado" no momento, claro e poderoso, e aprecio a vista.

Mas qualquer pessoa que sempre se vê lutando contra a desordem e a falta de estrutura sabe que nada se arruma sozinho. Portanto, se eu não colocar as coisas de volta em seu lugar ou acumular coisas novas que depois ficam espalhadas por aí, minha vista logo perde sua beleza. Por isso, preciso manter as coisas organizadas.

Por um lado, é responsabilidade do abade não exigir demais de ninguém. Para garantir isso, ele precisa reconhecer se alguém é um "malabarista" que consegue manter muitas tarefas e a si mesmo em equilíbrio, ou se é uma pessoa que precisa de uma estrutura e ordem claras. Especialmente em tempos em que há menos monges, mas o trabalho continua o mesmo, existe o perigo de alguém assumir um excesso de tarefas. Portanto, também é responsabilidade minha garantir que "tudo permaneça em seu lugar", ou seja, que eu não assuma um número de tarefas que me leve de volta à desorganização total. É preciso estar atento a isso. E sempre deve haver a opção de dizer "não" se eu achar que as coisas adicionais que devo fazer agora são demais para mim e que não consigo fazê-las.

O abade de nossa Abadia de Ndanda, na Tanzânia, recém-eleito em 2021, escolheu o seguinte lema para seu mandato: *Sikilize, ili ufike!* – "Ouça, para que você possa alcançar o destino!" Essas são as primeiras e as últimas palavras da Regra de São Bento: "Ouve [...] e chegarás!" (RB Prólogo 1; 73,9). Quando usa a palavra "ouvir", São Bento sempre quer dizer ouvir a Deus e, em última análise, ouvir sua própria voz interior. Aqueles que, então, têm a coragem de partir, de ir, de fazer o que corresponde ao seu eu interior, de arrumar e abrir mão do que não lhe corresponde, chegarão – em si mesmos e alcançarão uma forma clara e organizada de sua vida.

"Para tudo há um momento, há um tempo para cada coisa debaixo do céu; tempo de guardar e tempo de jogar fora."
Eclesiastes 3,1.6

"Não fujas logo, tomado de pavor, do caminho da salvação, que nunca se abre senão por estreito início."
Regra de São Bento, Prólogo 49

"Ouve... e chegarás"
Regra de São Bento, Prólogo 1

Perguntas

Dê uma olhada em seu apartamento: Você tem um lugar fixo para tudo ou tende a colocar as coisas onde quer que haja espaço?

Aplicando isso à sua vida cotidiana: Você tem rotinas? Se sim, elas são boas para você? Elas são corretas, servem a você e às suas necessidades?

Se não tiver: Você gostaria de ter rotinas? O que você espera delas? Você tem alguma ideia como elas poderiam ser ou onde poderia incorporá-las?

Você tem a sensação de que sua "cela interna" está arrumada?

Você consegue apreciar a vista?

Exercícios

Pegue uma caixa de papelão ou uma caixa de sapatos. Crie sua "cela interna" nela. Pegue cola, tesoura, revistas, encontre alguns materiais na natureza. Procure, encontre ou crie símbolos para tudo o que deve estar presente em sua "cela interior" (por exemplo, o desabrochar de uma flor como símbolo da esperança, uma pedra para tudo o que serve como uma rocha, um apoio firme para você). Alternativamente, você também pode criar uma colagem com fotos de revistas e jornais.

Siga sua intuição! Olhe para o trabalho finalizado e aprecie a vista! Perceba seus sentimentos e pergunte a si mesmo: É assim que você vê sua "cela interna"? Ela é assim que você a imagina e representa? O que você pode fazer para que seu interior se pareça com isso? O que ainda existe dentro de você que pode ser resolvido? O que você pode acrescentar ou retirar?

Conecte-se conosco:

facebook.com/editoravozes

@editoravozes

@editora_vozes

youtube.com/editoravozes

+55 24 2233-9033

www.vozes.com.br

Conheça nossas lojas:

www.livrariavozes.com.br

Belo Horizonte – Brasília – Campinas – Cuiabá – Curitiba
Fortaleza – Juiz de Fora – Petrópolis – Recife – São Paulo

EDITORA VOZES LTDA.
Rua Frei Luís, 100 – Centro – Cep 25689-900 – Petrópolis, RJ
Tel.: (24) 2233-9000 – E-mail: vendas@vozes.com.br